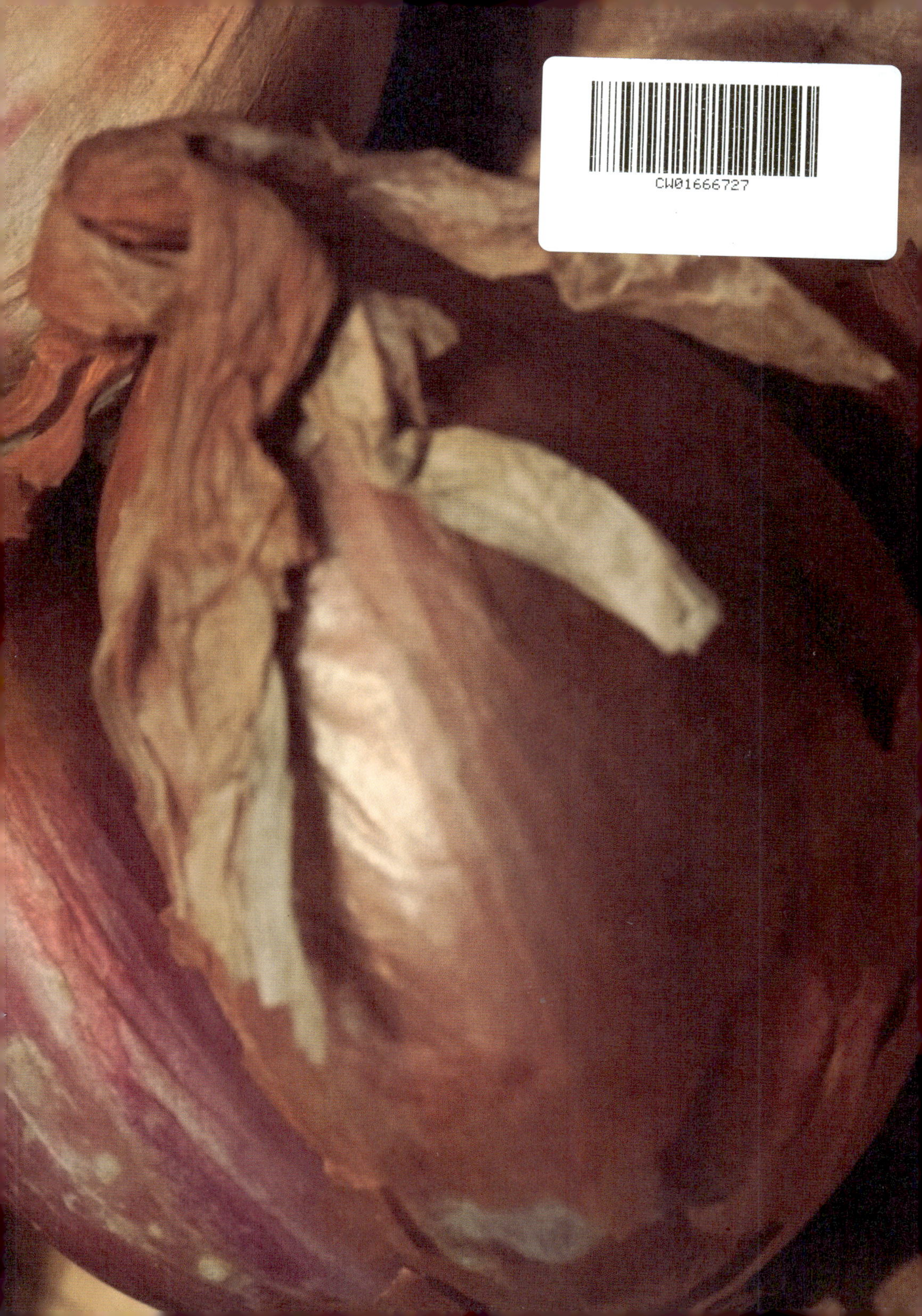

CARLO CRACCO

SE VUOI FARE IL FIGO USA LO SCALOGNO

DALLA PRATICA ALLA GRAMMATICA: IMPARARE A CUCINARE IN 60 RICETTE

ISBN 978-88-17-05914-5

Prima edizione: settembre 2012
Seconda edizione: ottobre 2012
Terza edizione: ottobre 2012
Quarta edizione: ottobre 2012
Quinta edizione: novembre 2012
Sesta edizione: novembre 2012
Settima edizione: dicembre 2012
Ottava edizione: dicembre 2012
Nona edizione: dicembre 2012

Progetto grafico di Daniela Arnoldo per Pepe nymi
Impaginazione di Davide Vincenti

Fotografie di p. 27, 37, 53, 63, 95, 109, 127, 143, 155, 189, 205, 209, 221 © Giovanni Malgarini
Fotografie di p. 25, 35, 51, 61, 93, 115, 117, 141, 153, 185, 187, 203, 207, 219 © Jurgen Becker

SE VUOI FARE IL FIGO
USA LO SCALOGNO

SOMMARIO

INTRODUZIONE 15

COME USARE QUESTO LIBRO 19

RICETTE E SCUOLA 21

Livello I 23

Spaghetti al pomodoro 24
{Lezione N° 1} ~ ***Le varietà di pomodoro e il loro uso***

Bucatini all'amatriciana 29
{Lezione N° 2} ~ ***La cottura perfetta della pasta***

Melanzane alla menta 31
{Lezione N° 3} ~ ***Come utilizzare le melanzane***

Verdure all'olio 34
{Lezione N° 4} ~ ***Mondare le verdure***

Parmigiana di melanzane 40
{Lezione N° 5} ~ ***La passata di pomodoro***

Arrosto con le cipolle 42
{Lezione N° 6} ~ ***La reazione di Maillard***

Baccalà al vapore 46
{Lezione N° 7} ~ ***La cottura al vapore***

Risotto allo zafferano e midollo 49
{Lezione N° 8} ~ ***Il brodo di carne***

Crema di broccoli 54
{Lezione N° 9} ~ ***Il brodo vegetale***

Ragù di fave 57
{Lezione N° 10} ~ ***I legumi freschi***

Filetto al pepe verde 59
{Lezione N° 11} ~ ***Il sugo d'arrosto***

Insalata 64
{Lezione N° 12} ~ ***La salsa vinaigrette***

Polpette di Maestro Martino 67
{Lezione N° 13} ~ ***Cucinare con gli avanzi***

Polenta di amaranto 71
{Lezione N° 14} ~ ***La polenta di Carlo***

Crema di carote e curcuma 73
{Lezione N° 15} ~ ***Le spezie***

Cotoletta (o costoletta) di vitello alla milanese......... 76
{Lezione N° 16} ~ *La panatura per friggere*

Crema (mista) di zucchine.. 80
{Lezione N° 17} ~ *Come scegliere le zucchine*

Polpa di pomodoro con mozzarella e semi di basilico... 82
{Lezione N° 18} ~ *Gelatina e agar agar*

Salmone marinato con salsa allo yogurt........................86
{Lezione N° 19} ~ *La marinatura*

Costolette di agnello 90
{Lezione N° 20} ~ *Il burro chiarificato*

Fiori di zucca 92
{Lezione N° 21} ~ *La pastella tradizionale*

Zuppa inglese...96
{Lezione N° 22} ~*La crema pasticcera*

Sformato di caponata 98
{Lezione N° 23} ~ *La caponata*

Livello II 103

Piselli alla menta 104
{Lezione N° 24} ~ *Cuocere i piselli*

Sgombro e acquadelle in carpione 106
{Lezione N° 25} ~ *Il carpione tradizionale*

Crema soffice al mascarpone con meringhe 108
{Lezione N° 26} ~ ***La meringa all'italiana***

Gnocchi ripieni 113
{Lezione N° 27} ~ ***Gli gnocchi di patate***

Gnocchi con sauté di funghi 118
{Lezione N° 28} ~ ***Mondare e cuocere i funghi***

Garganelli con ragù d'anatra 121
{Lezione N° 29} ~ ***I garganelli***

Crostata al limone 124
{Lezione N° 30} ~ ***La pasta frolla tradizionale***

Lasagne al ragù 129
{Lezione N° 31} ~ ***Il ragù alla bolognese***

Tagliolini al tartufo bianco 132
{Lezione N° 32} ~ ***La pasta fresca all'uovo***

Bollito misto 134
{Lezione N° 33} ~ ***Salse per bollito***

Tuorlo d'uovo croccante 139
{Lezione N° 34} ~ ***L'uovo al tegamino***

Pasta e fagioli 144
{Lezione N° 35} ~ ***Il fagiolo giallo di Feltre***

Corzetti al sugo di noci 146
{Lezione N° 36} ~ ***I corzetti***

Tartellette vegetariane 149
{LEZIONE N° 37} ~ *La pasta brisée*

Mozzarella in carrozza con pasta fillo 151
{LEZIONE N° 38} ~ *La Mozzarella di bufala*

Barbajada 156
{LEZIONE N° 39} ~ *Il semifreddo classico*

Grissini piemontesi: tre varianti 159
{LEZIONE N° 40} ~ *Il grissino piemontese*

Spaghetti alla chitarra con ricci di mare e caffè 162
{LEZIONE N° 41} ~ *Gli spaghetti alla chitarra*

Focaccine al broccolo Fiolaro 164
{LEZIONE N° 42} ~ *I panini all'olio e la lievitazione in casa*

Tartare di manzo 168
{LEZIONE N° 43} ~ *Tagliare la carne a crudo*

Dessert con frolla e cremoso al cioccolato 171
{LEZIONE N° 44} ~ *La pasta frolla al cioccolato*

Vitello tonnato con varianti 174
{LEZIONE N° 45} ~ *La salsa tonnata*

Livello III 179

Arancini 180
{LEZIONE N° 46} ~ *Cucinare con gli avanzi: il riso*

Tortellini con brodo di castagne, funghi porcini e salicornia 183
{LEZIONE N° 47} ~ *La farcia dei tortellini*

Crudo all'italiana 190
{LEZIONE N° 48} ~ *Preparare il pesce crudo*

Gnocchi al sugo di pesce 194
{LEZIONE N° 49} ~ *Sugo di pesce*

Cassoeula (alla Cracco) 196
{LEZIONE N° 50} ~ *L'arista di maiale al latte*

Risotto di pesce 199
{LEZIONE N° 51} ~ *Il fumetto di pesce*

Crema di castagne affumicate, lenticchie e frutto della passione 201
{LEZIONE N° 52} ~ *L'affumicatura*

Cozze alla marinara 206
{LEZIONE N° 53} ~ *Il nero di seppia*

Spaghetti alla colatura di alici 211
{LEZIONE N° 54} ~ *Le salse rischiose*

Soufflé al frutto della passione 214
{LEZIONE N° 55} ~ *Soufflé alla vaniglia*

Frutta essiccata al naturale 217
{LEZIONE N° 56} ~ *L'essicazione in forno*

Tuorlo d'uovo marinato con fonduta di Parmigiano (e cialda di pane croccante) 222
{Lezione N° 57} ~ *La pâte à bombe*

Zabaione con savoiardi 226
{Lezione N° 58} ~ *I savoiardi*

Patate soufflé 229
{Lezione N° 59} ~ *Le patate*

Rombo in crosta di cacao 232
{Lezione N° 60} ~ *La cottura al sale*

INDICI 237

Indice delle portate 239

Indice delle lezioni 245

INTRODUZIONE

Ho scritto questo libro partendo da un concetto a cui tengo moltissimo e attorno al quale (mi piace pensarlo) ho cercato di costruire tutto ciò che ho oggi nella mia vita: il cibo non è solo ciò che ci permette di accumulare l'energia necessaria a vivere, è molto di più. A esso si lega una storia di luoghi, di tradizioni e di persone che lo rendono davvero unico. Cucinare un piatto è solo l'ultima tappa di un percorso prezioso grazie al quale gli ingredienti acquistano ricchezza e bontà. Per questo in cucina è fondamentale chiedersi sempre: da dove vengono i cibi che usiamo? Chi li ha prodotti? Qual è la storia del territorio in cui sono nati? Più lineare, chiaro e sano è questo percorso, tanto più forte sarà il messaggio che il piatto potrà portare con sé e quindi le emozioni che suggerirà a chi lo assaggia.

Anche per questo motivo non ho voluto fare solo un libro che raccogliesse le ricette con dosi e procedimenti ma mi è piaciuto dare un contesto e un racconto unico per ognuna e approfondirne gli aspetti che a me stanno più a cuore, con anche delle vere e proprie lezioni di cucina che vi insegnano sia le basi sia preparazioni difficili. È un libro anche molto pratico, ovviamente, in cui le ricette sono spiegate nel dettaglio ma è come se mi fossi seduto lì a parlare di questi piatti in modo informale, preciso (in cucina non si scherza!) ma sempre con il piacere di raccontare un mondo che amo. È tutta una questione di cultura del cibo che non deve mai essere sottovalutata.

Mi sono anche stupito di quante cose mi siano venute in mente lavorando alle ricette, è per questo che in queste pagine troverete molto di me: mi sentirete parlare di quando lavoravo "Da Remo" a Vicenza (allora frequentavo ancora la scuola alberghiera) e di quando sono andato a imparare l'arte da Gualtiero Marchesi. Mi sono tornati in mente i miei anni in Francia: a Montecarlo all'Hôtel Paris da Alain Ducasse e a Parigi da Lucas Carton al ristorante "Senderens" e più di una volta mi sono accorto che mi veniva spontaneo parlare di "noi" e "qui" intendendo i miei collaboratori più stretti (Matteo Baronetto, Diego Giglio e Luca Sacchi) e il "Ristorante Cracco".

Matteo è come un fratello per me, lavoriamo assieme da quasi 18 anni. Quando ero ancora chef di Gualtiero Marchesi all'"Albereta" nel 1994 mi scrisse un paio di lettere in cui mi chiedeva di lavorare lì. Mi colpì molto la sua determinazione e lo chiamai a fare uno stage, poi tornò a Natale ad aiutare e da lì partì la collaborazione regolare. Tra noi c'è un rapporto molto forte e bello, Matteo è una persona che ha delle qualità umane e professionali pazzesche. È un grande creativo, un grande lavoratore, si appassiona e crede fermamente in quello che fa. Ha una testa durissima e quando abbiamo degli scontri ci "mandiamo a stendere" poi, però, quando torniamo sul punto troviamo sempre una soluzione. Spesso sento dire che lui è il mio secondo, ma non è per niente così, anzi: lo considero al mio pari. Tra noi c'è uno scambio e una interazione che abbiamo tramesso anche agli altri, soprattutto a Diego – che dopo Matteo è la persona con cui collaboro da più tempo – e a Luca Sacchi, il "pasticcino", il più giovane di noi. Insieme formiamo una bellissima squadra.

Cucinare è un mestiere bellissimo: ci vuole vera passione, non bisogna dare niente per scontato e ci si deve ricordare che l'importante è sempre mettere al primo posto la qualità di quello che si mangia. È l'aspetto più determinante: ve lo ripeterò in continuazione. E ricordatevi anche altre due cose. La prima: è importante imparare a usare quello che la stagione permette di avere, così si risparmia e si gode davvero di sapori autenticamente buoni. La seconda: dimenticatevi le scatolette per le cene di emergenza, la buona cucina si fa anche con due o tre ingredienti, ed è anche questo il suo bello, che è aperta in questo senso. Quindi leggete, sperimentate e mettetevi a tavola.

COME USARE QUESTO LIBRO

Quando frequentavo la scuola alberghiera all'inizio non andavo tanto bene, avevo 4 in cucina e volevano bocciarmi, poi le cose sono andate migliorando e all'esame finale ho preso 8 (grazie ai savoiardi). Ho sempre cercato di non porre dei limiti al mio lavoro di chef, questo mi ha portato a fare esperienze che non avevo programmato (MasterChef, per esempio) e adesso a scrivere un libro di cucina diverso dai soliti. Non è il classico libro da chef con ricette impossibili, non è il solito ricettario poco creativo e non è un manuale noioso per imparare a cucinare.

In questo libro troverete 60 ricette divise in 3 livelli di difficoltà crescente, ogni piatto, inoltre, è diventato per me l'occasione per fare una lezione vera e propria e, in molti casi, anche per suggerire delle varianti che alzano il livello della preparazione (il Tocco dello chef). A voi la scelta: potete seguire la ricetta di base, scegliere la versione avanzata proposta dal "Tocco" oppure anche seguire solo le lezioni di cucina (sono anche loro in ordine crescente di difficoltà). In questo caso, non dovrete studiare in modo noioso per dei mesi prima di avere il coraggio di organizzare una cena, ma potete imparare portando in tavola dei piatti fatti e finiti che daranno soddisfazione a voi che li avete preparati migliorando il vostro livello e ai vostri commensali che non si accorgeranno neanche che siete solo alla lezione n° 5.

Divertitevi.

RICETTE E SCUOLA

LIVELLO I

SPAGHETTI AL POMODORO

Oggetto di tante discussioni, presi come riferimento per la semplicità ma anche per la difficoltà, rappresentano un po' la nostra tradizione. Per me gli spaghetti al pomodoro sono quelli che mi preparava mia mamma durante la settimana, quando tornavo da scuola, ed erano quasi sempre fatti con il pomodoro che i miei mettevano via durante l'estate per poi mangiarlo d'inverno. Nella stagione di pomodori, che all'epoca era brevissima (giugno, luglio e agosto al massimo), si usava proprio il pomodoro fresco, senza cuocerlo. Mia mamma lo tagliava solo a tocchetti e magari ci aggiungeva un po' di conserva avanzata: è il ricordo più bello.
In realtà ho anche un'altra immagine nella memoria, una cosa che adesso sarebbe davvero kitsch. Quando andavamo al lago di Garda, verso Bardolino (e si andava spesso in giornata per fare il bagno) era usanza dei miei genitori portarsi dietro il fornellino da campeggio, la pentola e tutto quello che serviva per cucinare gli spaghetti con la salsa di pomodoro fresco. Non ho mai scoperto come la facessero, perché mia madre la preparava sempre il mattino prestissimo, prima di partire, poi a pranzo cuoceva la pasta e la condiva – senza saltarla – con questa salsa, senza cuocerla. La mangiavamo nei piatti di plastica, che erano arancioni: sembrava che il piatto fosse abbinato agli spaghetti col pomodoro, era una cosa simpaticissima. Questa pasta era una versione "da lago", la si faceva solo lì e non ne ho mai capito il motivo. A mia madre l'ho anche chiesto, ma non lo sa nemmeno lei.

INGREDIENTI per 4 persone

240 g di spaghetti • 200 g di pomodori • 1 spicchio d'aglio • 2-3 foglie di basilico (o scorza di limone) • olio evo (extravergine d'oliva) • sale

PREPARAZIONE E COTTURA: 15 minuti circa

···› ATTENZIONE: se avete la possibilità, scegliete dei pomodorini piccoli, tipo Pachino. Ce ne sono una decina di varietà: sardo, campano, pugliese, calabrese ecc. A quelli piccoli io consiglio di non togliere la buccia, perché è molto sottile e molto buona. Spesso sono davvero dolci, quindi bisogna dare un po' di sapidità e forza al sugo. A me, per esempio, piace grattugiarci sopra la scorza del limone a crudo con la microplane: ci sta da Dio. Oppure intervenire con qualche foglia di basilico fresco, che trovo fantastico. Vi consiglio di mettere il basilico intero, con gambo e tutto, a tre quarti della cottura del sugo. Poi quando è pronto lo togliete, ma avrà lasciato un gusto unico.

Prendete i *pomodori* (lezione n°1), tagliateli a pezzettini non troppo grandi e regolari e metteteli in una padella con lo spicchio d'aglio e un filo di olio extravergine buono; fate soffriggere per 2 minuti, quindi regolate di sale. Se avete il basilico, tagliate le foglie a julienne e aggiungetelo subito al pomodoro, se invece volete usare il limone, unitelo a fine cottura e soltanto se il pomodoro è molto dolce e molto maturo. Lasciate cuocere il sugo per 4-5 minuti, o finché non si forma una salsa abbastanza legata: il tempo dipende dalla quantità di acqua rilasciata dai pomodori.
Cuocete gli spaghetti al dente in abbondante acqua salata, scolateli, quindi uniteli al sugo. Fateli saltare per 2-3 minuti e finite la mantecatura in padella anche fuori dal fuoco lasciandoli riposare un attimo. Servite nei piatti e, solo a questo punto, aggiungete un po' di scorza di limone grattugiata oppure altro basilico fresco.

IL TOCCO DELLO CHEF

Un'altra versione degli spaghetti al pomodoro che a me piace moltissimo consiste nel condire la pasta con la salsa che vi ho appena insegnato alla quale va aggiunto, direttamente nel piatto, il

PALLAVOLO WORLD LEAGUE
IL 2 GIUGNO DA GENOVA
Galliani e Allegri a bordo con Ancelotti
Tutto pronto per la crociera rossonera
Valerio Luchini, 28 anni, carabiniere romano, già un argento e un bronzo
Niente Londra

SCUOLA *di* CUCINA

LEZIONE N° 1
* *Le varietà di pomodoro e il loro uso* *

Il pomodoro è un ingrediente buonissimo. Ne esistono un sacco di varietà: Pachino, calabrese, sardo, campano, Cuore di bue... l'importante è sceglierli buoni, a prescindere dall'aspetto e dall'estetica. "Buono" vuol dire che sia funzionale all'utilizzo: se lo voglio mangiare crudo va bene un Cuore di bue perché non ha una grandissima acidità, oppure i pomodorini, che però a volte sono dolci, a volte più acidi. La differenza tra un pomodoro buono e uno no, la fa proprio l'acidità (quasi sempre ne hanno, altrimenti non sanno proprio di niente) e soprattutto la dolcezza: deve sentirsi il sole e la foglia deve essere bella verde, l'aroma forte, intenso.
Per molte preparazioni è necessario spelarli, il modo migliore è inciderne la buccia, tuffarli in acqua bollente per 10-15 secondi quindi metterli in una ciotola con acqua fredda e ghiaccio: vedrete che la buccia verrà via molto facilmente.
Un'idea per usare i pomodori è di candirli: prendete solo i petali (cioè tenete tutta la parte esterna, eliminando il cuore e, se volete, la buccia: a me piacciono di più senza), li mettete su una placca conditi con olio, zucchero a velo, sale Maldon, timo, alloro e aglio e li passate in forno. Si restringono, assumono un sapore più dolce ma molto concentrato e si possono usare in varie preparazioni fresche come un'insalata di riso, una pasta fredda o una caponata.
Oppure prendete i pomodori San Marzano (o altre varietà di taglia piccola), li mettete in una pentola, li coprite di olio e aggiungete dei semi di coriandolo, aglio e sale grosso. Fate sobbollire dolcemente a fuoco basso per circa due ore: in questo modo i pomodori si cuociono ma rimangono interi e assorbono tutto l'olio. Li potete servire con una mozzarella e avrete un piatto buonissimo e fresco.
Ma le idee per preparare i pomodori sono infinite: potete farne una polpa cruda o cotta, una passata oppure potete farli ripieni... I pomodori verdi, poi, che si usano tantissimo in Toscana, ho impa-

rato lì ad accostarli a ingredienti molto grassi, tipo il musetto di maiale. Ma sono perfetti anche per preparare marmellate e conserve, soprattutto nella zona di Mantova.
Quindi, quando comprate i pomodori, chiedete il permesso all'ortolano e assaggiatene uno: se sono buoni, le vostre ricette saranno pazzesche, uniche. Non potete sbagliare.

cuore del pomodoro crudo, cioè la parte centrale gelatinosa. Un tocco fantastico. In questo caso di solito si usano dei pomodori grossi e ramati, che hanno il cuore più grande.

BUCATINI ALL'AMATRICIANA

Un piatto che adoro, un piatto di cuore. È incredibile quanto sia buono, ricco e sofisticato allo stesso tempo. La mia versione, quella su cui ho imparato, è la "grigia", cioè senza pomodoro (in generale non lo amo molto mescolato con altri ingredienti, in questo caso il guanciale, il peperoncino ecc.). Non ne ho ancora capito l'origine, mi hanno raccontato storie diverse: la più probabile è che la ricetta in realtà sia nata senza pomodoro, poi, con il suo arrivo dall'America, sia stata "imbastardita" pensando di arricchirla. Così alla fine noi l'abbiamo conosciuta sempre rossa. I bucatini all'amatriciana secondo me si dovrebbero mangiare non tanto come primo piatto di un menu, ma alla fine di una cena in cui magari ci si è un po' tenuti, in cui non si è esagerato nel bere e nel mangiare (non troppi piatti, poco pane e pochi dolci, per intenderci) ed è rimasta quella piccola voglia che non si sa come soddisfare. Da qui è nata l'idea: ho sempre proposto l'amatriciana come finale, con una buona bottiglia di vino. Ritengo che sia il modo migliore per concludere una cena perfetta: ti dà una soddisfazione pazzesca, quasi mistica.

INGREDIENTI per 4 persone

240 g di bucatini • 150 g di guanciale • 80 g di cipolla bianca (o cipollotto) • 1-2 spicchi d'aglio • 35 g di olio evo (o 35 g di burro) • peperoncino in polvere (o 1 peperoncino intero) • sale

PREPARAZIONE E COTTURA: 20 minuti

···› **ATTENZIONE:** utilizzate sempre guanciale, non pancetta, e fate attenzione quando lo chiedete. Quello che usavo io, che prendevo dalla salumeria di Peck, lo preparava il signor Angelo, il più anziano dei fratelli Stoppani e titolare del negozio: lo faceva marinare e asciugare nel sale, poi lo passava in una composta fatta di peperoncino non troppo piccante – anzi, appena appena –, che serviva per proteggerlo, e lo lasciava ad asciugare per almeno un paio di mesi. Era perfetto perché aveva già la giusta dose di peperoncino: a me piace, ma non eccedo mai perché, quando ce n'è troppo, poi non si sente più nessun sapore.

Tagliate il guanciale a fettine sottili. Fate appassire lentamente la cipolla con un po' di olio o di burro, in modo che rimanga bianca. Aggiungete uno o 2 spicchi d'aglio in camicia (cioè non sbucciati e leggermente schiacciati con il palmo della mano), poi toglieteli e unite il guanciale. In alternativa, fate asciugare il guanciale a fuoco molto basso in una padella antiaderente e dopo unite la cipolla: avendo fatto sciogliere prima il guanciale, c'è abbastanza grasso per appassire anche la cipolla senza intervenire con grassi esterni. Rosolate piano piano e, se serve, aggiungete un mestolino di acqua di cottura della pasta, in maniera da riuscire a cuocere molto bene la cipolla. Infine, unite un pizzico di peperoncino, se invece avete il guanciale con il peperoncino intorno, basta quello: la dose è già perfetta. ***Cuocete la pasta*** (lezione n° 2) e toglietela

SCUOLA di CUCINA

LEZIONE N° 2

*** La cottura perfetta della pasta ***

Forse non esiste: varia a seconda del luogo e del gusto delle persone. Al Sud si tende a mangiare la pasta molto più al dente che al Nord e la si porta in tavola quando all'interno c'è il filettino bianco, quindi è ancora un po' cruda. Anche io la preferisco al dente, è più leggera e molto più digeribile. Più ci si sposta verso nord, più si nota che il filetto all'interno sparisce, perché la pasta viene cotta sempre più a lungo. Il tempo indicato sulla confezione di solito è corretto, ma è bello anche imparare a conoscere la pasta e capire quanto tiene la cottura se la si cuoce qualche secondo in più.
Le regole per la cottura perfetta sono queste: se preparate la pasta per quattro persone, circa 320 g, dovete portare a ebollizione una pentola con 3 l abbondanti di acqua (non meno!) e aggiungere 10 g di sale grosso per ogni litro.
Una tecnica che si usa di solito nei ristoranti e che potete sperimentare a casa è risottare la pasta, ovvero scolarla 3 minuti prima della cottura, versarla in padella con il sugo che avrete tenuto un po' più liquido e mantecarla fino a cottura completa.

uno o 2 minuti prima della cottura al dente; mantecatela in padella con il sugo e il piatto è pronto.

MELANZANE ALLA MENTA

Le melanzane, come i fiori di zucca, per me rappresentano il sole, l'estate. Mi ricordano un po' le mele: entrambe si prestano a preparazioni dolci o salate, l'unica differenza è che la melanzana non si può mangiare cruda.

INGREDIENTI per 4 persone

2 melanzane lunghe non troppo grosse (circa 300 g) • 2 rametti di menta • 1 spicchio d'aglio • olio evo • sale grosso e pepe

PREPARAZIONE E COTTURA: 1 ora e 15 minuti

···› **ATTENZIONE:** le melanzane devono essere sode, perché è indice di freschezza. Se non vi piace la buccia, che ha un sapore molto forte, la potete anche eliminare, pelando completamente l'ortaggio.

SCUOLA *di* CUCINA LEZIONE N° 3
** Come utilizzare le melanzane **

Ci saranno almeno 6-7 varietà di melanzane: quelle piccole viola, quelle tonde con la buccia nera, quelle lunghe e leggermente arcuate, quelle viola, quelle bianche. Oggi meno, ma tempo fa quelle lunghe si servivano soprattutto gratinate: si tagliano a metà, si incide la polpa e poi si copre con pane grattugiato, formaggio, olio e aglio. Tutto in forno per mezz'ora e sono pronte. Quelle più grandi si prestano meglio per una caponata o per farle al funghetto. Le melanzane viola e rotonde invece, tagliate a fette sottili, sono ottime cotte sulla piastra e poi ripassate in forno con una fetta di pomodoro, una di prosciutto e una di formaggio. Quelle piccole, infine, si fanno sbianchire (così manterranno il loro colore) tuffandole per 3 minuti in acqua e aceto portati a bollore e poi si conservano sott'olio e si mangiano per tutto l'inverno. Insomma: le melanzane sono un po' un jolly in cucina. Ricordatevi però sempre una regola importante: quando le melanzane sono molto grandi significa che sono gonfie d'acqua e quindi poco saporite. Solo in questi casi vanno spurgate, in modo che perdano i liquidi in eccesso; non è necessario, invece, se scegliete melanzane di buona qualità e freschissime. Le riconoscete perché sono piccole e senza semi.

Prendete le ***melanzane*** (lezione n°3) e tagliatele a metà nel senso della lunghezza, facendo attenzione perché di solito sono un po' curve. Con un coltello, incidete la polpa nella parte centrale come se steste disegnando dei rombi, condite con un po' di sale, un filo d'olio e l'aglio in camicia leggermente schiacciato. Cuocetele in forno a 160 °C, coperte con la carta d'alluminio su cui avrete fatto dei forellini, per circa un'ora. Al termine, scavate la polpa, che sarà stracotta, buonissima, e tenete la buccia come contenitore. Tritate la polpa così ottenuta al coltello o passatela nel mixer, poi rimettetela nella sua buccia. Scegliete le foglie di menta più grandi, tagliatele a julienne e disponetele sopra le melanzane, poi distribuite tutto intorno le cimette. A piacere aggiungete dell'aglio, quindi terminate con un po' di sale e olio.

IL TOCCO DELLO CHEF

In alternativa alla menta, una ricetta più particolare utilizza il cedro. Non è un frutto così facile da trovare, ma lo potete acquistare da un buon ortolano. Lo dovete chiedere fresco e poi candirlo. Eliminate le due estremità, quindi tagliate la scorza molto spessa, alta circa 3 cm, e sbianchitela tre volte: buttate le scorze in acqua bollente salata, quando riprende il bollore scolatele e ripetete per altre due volte. Poi in una pentola con un po' di menta fate uno sciroppo (con 500 ml d'acqua e 500 g di zucchero) e quando bolle vi immergete 2 o 3 pezzi di cedro sbianchito e lasciate cuocere per 2-3 ore. La canditura è completa quando il cedro è uniformemente traslucido, allora lo togliete dallo sciroppo rimasto, lo tagliate a pezzettini e lo servite sopra la melanzana.

VERDURE ALL'OLIO

Una delle grandi ricchezze della nostra terra sono le verdure, che però devono essere rigorosamente di stagione. So che sembra banale, ma spesso si tende a usare in cucina sempre le stesse, per comodità o abitudine. Così facendo, però, si rischia di preparare piatti che non c'entrano con il periodo dell'anno in cui ci si trova e questo ha due svantaggi: la verdura fuori stagione è solitamente meno buona e, soprattutto, è più costosa! Qui di seguito vi do un'idea semplice e gustosa per preparare un piatto di verdure all'olio, ideale per la primavera e l'estate.

INGREDIENTI per 4 persone

8 pomodorini di taglia piccola • 4 asparagi • 1 zucchina • 1 cipolla rossa di Tropea • 1 cipollotto • 1 carota • 1 gambo di sedano • 1 spicchio d'aglio • 1 foglia di alloro • 1 cucchiaino da tè di semi di coriandolo • olio evo • sale

PREPARAZIONE E COTTURA: 1 ora e 15 minuti

···› ATTENZIONE: quando comprate le verdure (ma questo principio vale in generale per tutti gli ingredienti) cercate sempre di essere flessibili: se non trovate proprio quella che avevate in mente di preparare, non accanitevi e optate per una più fresca e più bella. È così che si scoprono nuovi sapori.

Per prima cosa ***mondate le verdure*** (lezione n°4). Immergetele per un paio di minuti in acqua e disinfettante per alimenti, poi sciacquatele bene e cominciate la preparazione. Tutte le verdure possono essere tagliate semplicemente a fette o tocchetti, ma se volete fare scena seguite queste indicazioni: prendete la cipolla

di Tropea, tagliatela in quattro parti incidendola a x e separate le falde una a una, avendo cura di togliere la pellicina che sta tra una e l'altra. Senza pelarla, affettate la carota di traverso (si dice "a becco di flauto"), un po' come si fa per il salame, con uno spessore di 0,5 cm. Incidete il cipollotto a metà, in maniera che si apra come una stella. Pelate il sedano con l'aiuto di un pelapatate e, se ci riuscite, con uno spilucchino tagliate i fili che corrono lungo tutto il gambo; poi eliminate, sempre con lo spilucchino, la punta destra superiore e la punta sinistra inferiore (questo dettaglio è solo per una questione estetica, ma io sono fatto così...). Pelate gli asparagi, staccando però prima la punta (che non va mai pelata), e tagliateli sempre a becco di flauto. Infine tocca alla zucchina:

SCUOLA *di* CUCINA

LEZIONE N° 4
** Mondare le verdure **

Innanzitutto, quando si compra la verdura bisogna verificare che sia fresca e sceglierla sempre buona: si spenderà un pelo di più, ma ne vale la pena. Poi le verdure si devono mondare, un lavoro noiosissimo, che richiede tanta passione e tanta pazienza. È davvero difficile fare un discorso generale. Ognuna meriterebbe un capitolo a sé, perché ha il suo modo di essere tagliata, cotta e mangiata.
Pensiamo alla melanzana: può essere cotta al forno intera e poi tagliata per estrarne la polpa, oppure possiamo pelarla, tenere la buccia, sbianchirla e poi usarla per fare un flan. Come il pomodoro, deve essere cresciuta sotto il sole, altrimenti difficilmente avrà quel suo sapore tipico. Una volta si mettevano a spurgare con il sale, ma se la melanzana non è troppo grossa non serve perché vuol dire che non contiene troppa acqua. Più è piccola, più avrà un sapore concentrato.
La carota basta pelarla ed è già pronta da mangiare, ma se si fa bollire e se ne fa una purea il risultato è ancora migliore. Bisogna

sempre comperare quelle con la radice sopra, che è indice di freschezza. Quando la radice diventa un po' vecchia viene tagliata, ma la carota resta in vendita.
La verza la si può mangiare cruda, tagliata sottile, ma soprattutto cotta. Si dice che è buona quando ha gelato, cioè quando la temperatura è andata sotto lo zero, perché dentro diventa morbida. Una volta cotta, si disfa in bocca con un sapore ricco e pieno, forse un po' pesante, ma lo si può alleggerire facendola magari sbianchire un po': in acqua bollente salata, con un goccio di aceto, si immergono le foglie per 2-3 minuti, poi si passano in acqua e ghiaccio e si fanno raffreddare. Così perderà leggermente quel suo sapore forte.
I piselli si trovano in una stagione brevissima, da marzo a maggio, al massimo all'inizio di giugno. Io trovo che siano tra i legumi più buoni in assoluto. Bisogna sempre scegliere quelli più piccoli perché sono più saporiti.
Il contrario vale invece per le fave: sono più buone quelle grosse, che vanno però prima sbucciate (se invece scegliete quelle piccole, potete mangiarle con la buccia perché è molto sottile). Noi con le fave abbiamo fatto un sacco di piatti, penso che siano ottime.
Dobbiamo sempre cercare di valorizzare quello che abbiamo: quando devo usare un asparago, per esempio, so che la punta è la parte più tenera e non la devo pelare, mentre dovrò pelare un po' la parte centrale. Quella finale invece è leggermente legnosa, ma non la butto via, la pelo un po' di più e poi ne faccio una purea che passo al setaccio. In cucina non va mai buttato via nulla, bisogna sempre sfruttare al meglio quello che si ha, con intelligenza.
Anche il taglio delle verdure è importante. Se volete, potete utilizzare un coltello di ceramica, che non ossida. Ma è davvero una finezza, quello che conta è capire il taglio da fare: se voglio friggere le zucchine a rondelle, per esempio, dovrò farle sottilissime, quasi un velo. Poi le infarino leggermente. Solo così non butteranno fuori acqua e diventeranno belle croccanti.

tagliatela a metà per la lunghezza e poi sempre a becco di flauto. I pomodorini invece vanno semplicemente divisi a metà.
In una casseruola ampia (meglio una leggera, con coperchio) mettete 3 cucchiai abbondanti di olio, l'aglio in camicia, l'alloro e i semi di coriandolo; aggiungete 2 cucchiai di acqua e fate scaldare. Per primi versate nella pentola carota, cipolla, sedano e gambi di asparagi, salate leggermente e fate andare a fuoco forte, con coperchio, per circa 3-4 minuti. Aggiungete quindi le punte di asparagi, la zucchina, il cipollotto e i pomodorini. Cuocete per altri 3 minuti a fuoco alto, sempre con il coperchio, regolate ancora di sale e lasciate che si riduca un po' il sugo di cottura. Spegnete la fiamma e avrete delle verdure cotte, lucide, belle brillanti, ma soprattutto saporite. Fate riposare per un paio di minuti e poi servite.

IL TOCCO DELLO CHEF

Ci sono tanti modi per accompagnare queste bellissime verdure, uno è quello di aggiungere alla seconda fase di cottura un pugno di pinoli tostati e uvetta sultanina, messa precedentemente a bagno in acqua per un paio d'ore. In questo modo otterrete un gusto leggermente agrodolce. Se invece volete dare un sapore unico e più omogeneo, potete utilizzare l'olio di noci, che andrà a sostituire metà di quello d'oliva.
La ricetta che vi ho proposto è la versione primaverile-estiva. Se invece volete farvi un bel piatto di verdure in inverno, potete utilizzare broccoletti, cavolfiori (bianchi e viola), broccolo romano, finocchi, carciofi, verza, cime di rapa, rape e castagne (in quest'ultimo caso, precedentemente pelate e sbollentate).

PARMIGIANA DI MELANZANE

La parmigiana di melanzane è un piatto buono e goloso e solo apparentemente facile. Infatti cucinarlo bene non è così semplice: si rischia spesso di farlo troppo unto o troppo pesante. Inoltre, è importante rispettare la stagionalità sia della melanzana che del pomodoro, che sono due prodotti prevalentemente estivi. Una variante invernale può essere preparata con patate e verze, dove le patate sono in purea al posto del pomodoro, mentre la verza brasata sostituisce la golosità della melanzana. Il segreto? Aggiungere tra i due ingredienti del formaggio e un ragù di carne bianco. Fatela in una teglia, gratinatela e servitela al cucchiaio in mezzo alla tavola: fantastica!

INGREDIENTI per 4 persone

Circa 400 g di melanzane (a me piacciono senza buccia) • 350 g di passata di pomodoro • 200 g di mozzarella • 60 g di grana • 1 mazzetto di basilico fresco • 1 spicchio d'aglio • olio evo • olio per friggere • sale e pepe

PREPARAZIONE E COTTURA: 45 minuti

Scaldate in una casseruola un po' di olio extravergine e l'aglio, aggiungete gli scarti del basilico e la ***passata*** (lezione n° 5) e cuocete per circa 15 minuti, facendola asciugare bene. Conditela con sale e pepe e, una volta pronta, tenetela da parte. Tagliate le melanzane a fette dello spessore di 0,5 cm (se avete un'affettatrice meglio ancora, così saranno tutte regolari) e friggetele in olio abbondante, finché non risultano dorate. Asciugatele con carta da frittura e tenetele da parte. Tagliate la mozzarella in piccoli dadi e grattugiate il grana non troppo finemente. A questo punto avete due strade: una più semplice, che è quella di fare prima una leggera base di pomodoro in una teglia da forno e quindi alternare gli strati di melanzana, pomodoro, ancora melanzana, grana e mozzarella, cuocere, tagliare e servire nel modo tradizionale; l'altra è quella di utilizzare degli stampini rotondi da pasticceria (del diametro di 6-8 cm) che andrete a riempire direttamente sul piatto di ogni commensale partendo sempre con la passata di pomodoro e sovrapponendo la melanzana, i formaggi e una foglia di basilico. In entrambi i casi vi consiglio di non mettere mai lo strato di pomodoro vicino a quello di formaggio ma sempre fra due melanzane: si uniranno poi solo in bocca. Fate cuocere per circa 15 minuti in forno a 180 °C (nel caso abbiate usato la teglia, ci vorranno almeno 25-30 minuti). Al momento di servire sformate la parmigiana dagli stampini e presentate così un piatto più da "ristorante".

SCUOLA *di* CUCINA

LEZIONE N° 5

La passata di pomodoro

Esiste solo un metodo: andate al mercato a fine giornata, quando i banchi stanno quasi per chiudere, individuate quello a cui sono avanzati più pomodori e contrattate il prezzo di una cassetta intera. Sarà la più matura, perché di solito chi compera frutta e verdura la vuole leggermente indietro, altrimenti quando arriva a casa è già andata. Per la passata, invece, il pomodoro deve essere al limite, proprio ipermaturo: vedrete che riuscirete a strappare un prezzo interessante. Dopo che avete trovato i pomodori adatti, lavateli e tagliateli in quattro. Potete anche fare un fondo, ma secondo me la passata dovrebbe essere pura polpa di pomodoro e nient'altro. Se volete, potete togliere la buccia, altrimenti no, ma in questo caso dovrete poi passare tutto al passaverdura. Cuocete i pomodori piano piano, in una pentola con un filo d'olio e del sale grosso, a freddo. Faranno un po' di acqua: fatela asciugare. Quando la passata è pronta, mettetela in vasetti sterilizzati e conservatela.

IL TOCCO DELLO CHEF

Il segreto della parmigiana sta nel prepararla giusto un paio di ore prima di servirla. Poi, come tocco finale, potete utilizzare i semi di basilico (si trovano anche in erboristeria), che andrete a mettere a bagno in un po' d'acqua, affinché si gonfino: ci vogliono circa 15-20 minuti. Conditeli con olio, sale e, se serve, un goccio d'acqua, distribuiteli tutti intorno al piatto e servite.

ARROSTO CON LE CIPOLLE

"Arrosto" è una parola bellissima, indica qualcosa di succulento, ben rosolato, con tutto il sughettino sotto. È uno di quei bei ricordi che mi accompagnano dall'infanzia. Le rosticcerie di una volta facevano un arrosto delizioso, che si andava a prendere per la festa. Il classico arrosto che mi ricordo io, lo preparava mia mamma la domenica, con sedano, carote e cipolle (le verdure venivano tutte dall'orto), tagliate giù alla buona e "buttate" nella pentola alta di acciaio (poi, quando abbiamo usato la ghisa un po' di anni dopo, era decisamente migliore). Sul fondo metteva un po' di rosmarino, aglio e alloro, rosolava appena appena sul fuoco e poi aggiungeva la carne, solitamente maiale oppure pollo. Del maiale usava la reale (o, come dicono a Milano, il reale), la parte che sta sul collo: la lasciava rosolare, la girava man mano, sfumava con un goccio di vino bianco e poi la infornava. Si lasciava andare per un paio d'ore e ogni tanto veniva girata e ribagnata. Però il bello di queste cose è che si facevano quasi da sole, non dovevi starci troppo dietro: un po' a rosolare, poi in forno, alla fine mettevi il coperchio per non farla bruciare e farla arrivare alla cottura interna ed eri a posto. Per me è un piatto mitico, di cui ho tutto un mio ricordo fortissimo nella mente. Mi piaceva un sacco.

INGREDIENTI per 6 persone

1 kg di reale di vitello • 2-3 cipolle rosse di Tropea • 1 spicchio d'aglio • alloro • timo (o salvia) • vino bianco • olio evo • burro

PREPARAZIONE E COTTURA: 1 ora e mezza

···› **ATTENZIONE:** per fare un buon arrosto bisogna avere una buona pentola e cioè, in questo caso, una di ghisa un po' alta. La ghisa è un materiale molto pesante, non fragilissimo, ma bisogna fare un po' di attenzione per non rovinarla. Ha la capacità di trasmettere molto meglio il calore ai cibi in cottura rispetto alle pentole di acciaio, alluminio o rame. Mi piace l'idea della pentola abbinata a un piatto specifico e se penso a un bell'arrosto, qualcosa di rotondo come un lombo, mi piace pensarlo proprio nella pentola di ghisa.

···› **ATTENZIONE:** quando andate dal macellaio fatevi dare un pezzo di carne misto. C'è chi preferisce l'arrosto solo magro e compera un bel lombo o un bel girello, però si possono anche utilizzare dei tagli della spalla che sono molto validi. Io credo che sia bello usare questi tagli un po' diversi, che magari non sono il massimo a vedersi: la fetta non vi verrà perfetta, ma alla fine spendendo anche la metà, il risultato è ottimo. Non è infatti la nobiltà del taglio che fa la bontà, è invece una questione di morbidezza e di posizione. Di filetti ce ne sono due in un animale intero e li vogliono tutti: sono molto buoni, molto morbidi, non c'è niente da dire, ma non si vive di filetto. È molto meglio usare le parti più saporite, meno nobili, ma ottime e anche più soddisfacenti in termini di gusto.

Preparate un fondo solo di cipolla usando quelle di Tropea, per fare una cosa un po' diversa, un po' più da fighi. Pelatele, taglia-

tele a fette molto sottili, tutte regolari (a costo di usare l'affettatrice), scartando la testa e la coda. Fatele appassire bene nella padella di ghisa, piano piano, con un po' di olio e burro. Unite l'aglio, un po' di alloro e di timo o, per un sapore più delicato, qualche rametto di salvia intero, in modo da poterlo poi togliere facilmente. Quando la cipolla non ha ancora preso colore ma è appassita – cioè ha sentito il calore, comincia a lasciarsi andare e non è più rigida come quando è cruda – fate rosolare il pezzo di carne in una padella antiaderente, a fuoco vivo. Se è carne mista rilascerà da sola il suo grasso, che vi aiuterà a rosolarla, se è un pezzo magro aggiungete voi un goccio d'olio o un pezzo di pancetta (non burro perché non tiene bene la temperatura e si brucia). Fate rosolare bene da tutti i lati, sfumate con un goccio di vino bianco, poi trasferitela nella pentola di ghisa, appoggiandola al centro e coprendola quasi completamente con le cipolle. Se volete esagerare mettete delle nocciole intere ad abbrustolire e poi aggiungetele alla carne: ve le ritroverete in mezzo alle cipolle. Fantastico.
Cuocete a 200-220 °C, a seconda del forno, con la pentola scoperta. Ogni 20-25 minuti girate l'arrosto e le cipolle, che nel frattempo coloreranno, appassiranno sempre di più e inizieranno a ridursi. Calcolate che per un chilo di carne ci vuole un'oretta scarsa. Il risultato che dovete ottenere è la cipolla – che non deve assolutamente bruciare – completamente bionda (nel caso della Tropea vi diventerà di un viola un po' antico) e la carne con la crosticina. Coprite con un coperchio durante gli ultimi 25 minuti di cottura, in modo che la carne non diventi troppo croccante e non si rischi di bruciarla: se è troppo rosolata si secca e non va bene, invece il coperchio manterrà un po' di umidità che dà morbidezza.
Togliete l'arrosto dal forno e lasciatelo riposare per almeno 10 minuti. È sempre importante farlo perché la cottura è uno stress per la carne: si irrigidisce, si ritira, si rosola, si trasforma. Riposando, invece, le fibre si rilassano e diventano più tenere da man-

SCUOLA *di* CUCINA

LEZIONE N° 6

La reazione di Maillard

La reazione di Maillard fa sì che, attraverso la rosolatura e quindi grazie alla temperatura molto elevata e a un grasso (olio o burro), le fibre della carne si saldino trasformando gli zuccheri, che così si caramellizzano, facendo assumere alla carne un bel colorito. I succhi della carne restano sigillati al suo interno mantenendola tenera. Un arrosto viene bene solo se si è scatenata questa reazione. Il procedimento per riuscirci non è difficile: mettete la carne su una padella calda con burro oppure olio a fuoco vivace e giratela con delicatezza (senza bucarla!) su tutti i lati, lasciando che la reazione di Maillard faccia il suo corso. Dopodiché proseguite secondo il grado di cottura che desiderate.

giare. Quindi tagliate l'arrosto a fette, rimettetelo nella pentola, riscaldatelo leggermente sul fuoco con la cipolla a coprire il tutto e servite. Alla fine avrete un arrosto buono e saporito, usando solo la cipolla e pochi profumi.

IL TOCCO DELLO CHEF

Potete sfumare l'arrosto con il vino bianco o con quello rosso. Un tocco un po' speciale potete darlo usando invece un goccio di Marsala molto secco, non dolce: bagnate, fate evaporare e poi continuate la cottura.
Vi do anche una variante un po' esotica. Vi servono 2 arance e 2 cucchiai di miele, meglio se millefiori. Finita la rosolatura della carne, versateci sopra il miele e fate cuocere: il miele comincerà a bollire e ridursi e formerà un caramello tutto intorno. Poi unite la scorza tagliata a pezzi e il succo delle arance: verrà un arrosto buonissimo.

BACCALÀ AL VAPORE

Si chiama merluzzo quando è fresco, baccalà quando si mette sotto sale, stoccafisso quando è essiccato. Se volete usare lo stoccafisso dovete pensarci molto prima perché va messo a bagno (a meno che non lo prendiate già ammollato e io ve lo consiglio), prima di pulirlo, condirlo, cuocerlo. Sono due mondi completamente diversi ma spesso si fa confusione: in realtà si tratta sempre di merluzzo che si chiama in modo diverso a seconda di come viene trattato, dove è pescato, cucinato eccetera.
Quello essiccato si usa, per esempio, per il baccalà alla vicentina e alla veneziana. Nella ricetta alla vicentina viene messo a mollo, fatto rinvigorire, lavato, pulito, aperto a libro, condito con un battuto di prezzemolo, olio, latte, grana, sale, pepe, cipolla e aglio e messo in una pentola a cuocere lentamente coperto di olio e un po' di latte o panna. Una volta si lasciava sulle braci spente dalla sera fino al mattino, adesso si usa anche infornarlo e via. A Venezia, invece, si fa mantecato: lo si mette a bollire in acqua, una volta cotto si scola, si fa montare in una planetaria con la frusta insieme a olio e panna, come se si facesse una maionese. È un piatto buonissimo, fantastico: si può spalmare sui crostini, si mangia con la polenta o anche senza niente. A me piace anche di più.

INGREDIENTI per 4 persone

500 g di baccalà (già dissalato) • 30 g di cerfoglio • 1 manciata di pinoli • olio evo • sale e pepe

Per accompagnare:

300 g di bietole piccole, quelle con il gambo bianco (o spinaci) • 1 spicchio d'aglio • ½ foglia di alloro • olio evo • sale

PREPARAZIONE E COTTURA: 18 minuti

···› **ATTENZIONE:** se volete utilizzare lo stoccafisso al posto del baccalà, cercate di prendere la qualità Ragno, che è la migliore. Va messo a bagno: io vi consiglio di farlo fare in pescheria, perché a casa lascia un odore poco piacevole e in più vi impegna per giorni il lavandino e mi sembra un po' eccessivo. Fatevi dare sempre del prodotto ottimo, ma già trattato. Per riconoscere uno stoccafisso buono, controllate il colore della carne: non deve essere giallo ma bianco. Se la carne è bianca vuol dire che è di ottima qualità, se è scura, gialla tendente al senape, vuol dire che la qualità è inferiore e il risultato non sarà un granché.

Cuocete il baccalà *a vapore* (lezione n° 7), se potete in un forno a vapore altrimenti in un cestino di bambù appoggiato sulla pentola di acqua bollente. Ci vorrà un bel po' di tempo, anche 30 minuti. In alternativa fatelo cuocere in un sacchetto sottovuoto, oppure ancora mettetelo a bollire nell'acqua. Quando è ben cotto tiratelo fuori, togliete la pelle, se vi dà fastidio, e disfatelo con la forchetta. A questo punto conditelo con un filo d'olio, un pizzico di sale, cerfoglio tagliato sottilmente, una manciata di pinoli precedentemente tostati e un po' di pepe macinato. Mescolate con la forchetta e mantecate bene: mettete abbondante olio, in modo da creare un bel sughetto e casomai unite un po' di acqua di cottura per far sì che ce ne sia a sufficienza.
Servitelo su un letto di bietole lavate, asciugate e tagliate a pezzettoni, saltate per 5 minuti a fuoco vivace in una casseruola un po' alta con il coperchio, insieme all'aglio in camicia, un cucchiaio d'olio e un cucchiaio d'acqua, un po' di sale e l'alloro (o cotto al vapore, ma ci vuole un sacco di tempo).
Il baccalà va mangiato così, in maniera semplice. Io lo adoro: semplice ma saporito, buono e delicato.

IL TOCCO DELLO CHEF

Durante la cottura, aggiungete sul pesce e intorno 3-4 chicchi di caffè schiacciati. Al momento di servire, quando eliminate la pelle del baccalà, togliete anche i chicchi: avranno lasciato un piccolo sentore di caffè tostato, appena percettibile ma ottimo.

SCUOLA *di* CUCINA

LEZIONE N° 7
* *La cottura al vapore* *

La cottura al vapore è una delle cotture più leggere, ma spesso è associata a un'idea di ospedale, a qualcosa di poco saporito e che non merita una grande cura. Invece, se fatta bene, può essere davvero ottima. Potete aromatizzare l'acqua con delle spezie, per esempio con del pepe di Sichuan o una stecca di cannella, oppure noce moscata, cardamomo, zenzero ecc. In questo caso fate prima bollire l'acqua, poi toglietela dal fuoco, aggiungete sale e aromi e lasciate in infusione per un'ora. Quindi filtrate il tutto, riportate a ebollizione e solo allora cuocete l'alimento, mettendo sopra il cestino di bambù.
Per questo tipo di cottura esistono forni a vapore molto buoni, anche da avere a casa, che non sono difficili da usare. Oppure potete mettere la carne o il pesce sottovuoto in appositi sacchettini (per le verdure non si fa) e poi cuocerli così direttamente nella pentola, nel cestino o nel forno a vapore. Questo metodo consente di conservare meglio le proprietà dell'alimento, però è sicuramente più complicato.
L'importante, anche nella cottura a vapore, è non stracuocere il cibo: il baccalà, per esempio, deve rimanere morbido e non seccarsi. La carne è più lunga da cuocere. Il sale si mette sempre dopo.

RISOTTO ALLO ZAFFERANO E MIDOLLO

È arrivato il momento di metterci alla prova con il risotto. Il risotto è una preparazione base su cui poi, una volta imparato, potrete sbizzarrire tutto il vostro estro. La versione più classica è alla parmigiana, ma si può personalizzare a piacere aggiungendo carne, spezie, verdure, funghi ecc.
Nel caso di un risotto di pesce, il mio consiglio è quello di non utilizzare un brodo di carne, ma piuttosto vegetale o, se possibile, di pesce, e unire giusto un cucchiaino di grana per mantecare, altrimenti il gusto del formaggio rimarrà troppo forte.

INGREDIENTI per 4 persone

240 g di riso Carnaroli • 80 g di burro • 30 g di cipolla • 40 g di grana • 2 l di brodo di manzo • 1 bicchiere di vino bianco • 1 midollo • zafferano in pistilli (circa 10 pistilli per persona) • sale e pepe bianco

PREPARAZIONE E COTTURA: 30 minuti circa

...› **ATTENZIONE:** nella tradizione lombarda si usa il riso Carnaroli, un riso che ha un chicco grande e robusto. Però, se volete provare qualcosa di diverso, usate il Vialone nano, che è un prodotto fantastico con un chicco piccolo e di forma ovale. Attenzione però: è molto più difficile da cuocere e da mantecare!

Cominciate tritando la cipolla molto fine (se volete fare i fighi usate lo scalogno). Fatela cuocere con 30 g di burro a fuoco molto dolce, per circa 7-8 minuti, finché non risulta stracotta ma bianca.

Unite il riso e tostatelo leggermente a fuoco medio per 2 minuti, quindi aggiungete i pistilli di zafferano e tostate ancora per circa un minuto. La tostatura del riso è importantissima, perché è come la rosolatura della carne quando si fa un arrosto: serve a sigillare il chicco in modo che cuocia uniformemente.
A questo punto versate il vino bianco che dovrà evaporare a contatto con la casseruola calda. Una volta evaporato, bagnate con il **brodo di carne** (lezione n° 8) che avrete preparato con anticipo e salate leggermente. Cuocete il riso per circa 14-15 minuti, versando il brodo a mano a mano che si asciuga. Potete anche usare la farina di riso (un cucchiaio raso ogni due persone) come elemento "legante" del risotto, aggiungendola quando mancano solo 3-4 minuti al termine della cottura.
Spegnete il fuoco, mettete da parte la casseruola e lasciate riposare per circa un minuto, poi mantecate con il resto del burro e grana, aggiungete 2 giri di pepe e se necessario aggiustate di sale. "Mantecare" significa "legare" il risotto, in maniera da renderlo lucido, omogeneo e soprattutto morbido, perché così sarà ancora più buono. Il modo migliore per farlo è muovendo la casseruola affinché il risotto crei delle "onde", per evitare di rompere i chicchi. Se necessario, in questa fase versate ancora un po' di brodo.
Una cosa che mi piace aggiungere nel risotto, togliendo eventualmente un po' di burro, è un cucchiaio di olio extravergine di oliva buono: dà un po' di profumo e un po' di freschezza al piatto.
Nel mio ristorante servo il midollo al centro, dopo averlo cotto su una piastra particolare. Il mio suggerimento per una preparazione domestica è di sgorgarlo sotto l'acqua (cioè sciacquarlo per pulirlo dal rosso del sangue e renderlo bianco), tagliarlo a cubetti e aggiungerlo al momento della mantecatura.

SCUOLA *di* CUCINA

LEZIONE N° 8
*** *Il brodo di carne* ***

Togliete la prima pelle della cipolla, tagliatela a metà, quindi infilzateci dentro 2 chiodi di garofano dalla parte del gambo e fatela tostare in una padella antiaderente senza grassi. Quando la cipolla nella parte tagliata sarà bruciata, mettetela nella pentola assieme a sedano, carota, eventualmente del porro e un mazzetto guarnito di prezzemolo. Sapete perché bisogna far bruciare la cipolla? Serve a far diventare il brodo più chiaro e non torbido.
Riempite una pentola con 5 l di acqua fredda, un chilo di biancostato (un pezzo che costa poco, misto e con ossa) e un pugno di sale grosso (30 g circa).
Se dovete fare il brodo, partite sempre con acqua fredda, perché tutti gli elementi che metterete potranno sprigionare al meglio le loro proprietà. Al contrario, se fate un bollito, dovrete partire con acqua bollente e poi immergervi tutti i vari pezzi.
Lasciate cuocere per 3 ore e con l'aiuto di un mestolo ripulite la superficie dalle varie impurità.
Una volta passate le 3 ore, recuperate le verdure e la carne separatamente e fatele raffreddare. Il brodo in più lo potete anche mettere in congelatore con un'etichetta con nome e data di produzione.
Una volta che la carne è tiepida, pulitela dal grasso in eccedenza e dalle ossa, tagliatela a julienne, come pure le verdure, e condite con olive, capperi, un filo d'olio, sale e pepe. È un'ottima insalata mangiata anche fredda.

IL TOCCO DELLO CHEF

Se con il risotto siete già più che esperti e sicuri di voi, potete aggiungere un sapore e una consistenza che arricchiranno il vostro piatto. Prendete un bel mazzo di coriandolo (10 g), fatelo sbianchire tuffandolo in acqua bollente per pochi secondi e poi raffreddandolo

in una ciotola con ghiaccio. Questo serve a mantenere il colore vivo. Asciugatelo, frullatelo in un mixer con un po' di acqua, quindi passatelo al setaccio. Mettetelo in un pentolino e aggiungete 2 g di agar agar con un litro d'acqua, portandolo poi a ebollizione. Colatelo in una placca in maniera da formare un velo abbastanza sottile (al massimo alto 1-2 cm), coppatelo con un coppapasta n° 4 e, una volta che il vostro riso è sul piatto, adagiatevi sopra questo disco di gelatina.
Se volete stupire ancora di più i vostri commensali, una volta rappresa, frullate la gelatina per darle una consistenza cremosa e distribuitela sul piatto col cucchiaio. Infine, come ultimo tocco, prendete un nocciolo di nespola (la stagione di questo frutto va da marzo-aprile fino a giugno) e grattugiatelo sopra il risotto con l'aiuto di un microplane, una grattugia moderna che serve a non far ossidare i cibi.

CREMA DI BROCCOLI

La crema di broccoli è stata uno dei primi piatti che si facevano quando ha iniziato a cambiare la percezione della cucina, quando abbiamo iniziato a spostarci verso consistenze molto lisce e molto belle. Con i mixer di nuova generazione, poi, non si deve più passare al setaccio tutto quello che è grumoso con perdita di tempo, gusto e sapore, ma si ottengono creme veramente bellissime, perché l'apparecchio sminuzza completamente il broccoletto.

INGREDIENTI per 4 persone

2-3 broccoli, circa 600 g (o broccoletti, o broccolo Fiolaro) • scorza di limone grattugiata • olio evo • sale e pepe

PREPARAZIONE E COTTURA: 25 minuti

···› ATTENZIONE: non sottovalutate mai la presentazione. Per le creme è sempre importante che il colore delle verdure resti bello brillante, quindi non tralasciate di farle sbianchire in acqua e ghiaccio.

Quando si fa una crema di broccoletti io consiglio sempre di usare tutto, anche la parte dei gambi, che è buonissima: pelatela leggermente, perché a volte ha una buccia un po' troppo spessa, cuocete in abbondante acqua salata e, a tre quarti della cottura, unite anche i fiori.

Una volta cotto il tutto, scolate e fate raffreddare in acqua e ghiaccio per abbattere velocemente la temperatura, mantenere il colore verde e non perdere troppo il sapore. Se avete un abbattitore potete utilizzarlo a −2 °C.

Mettete i broccoli nel mixer con mezzo bicchiere d'acqua (di cottura, o ancora meglio fresca) e frullate fino a ottenere una crema bella densa, con una consistenza impalpabile. Ricordatevi sempre di regolare di sale e pepe e, se volete dare un tocco in più, unite un pizzico di scorza di limone grattugiata. Un filo di olio extravergine buono, bello carico, non sta mai male.

IL TOCCO DELLO CHEF

Se avete degli spinaci, delle erbe o delle bietole gia cotti che vi avanzano, mettete tutto insieme, cuocete e frullate: darete ancora più ricchezza a questa crema.

Inoltre ricordatevi che la crema di broccoli la potete abbinare praticamente a tutto: al tuorlo marinato, al tuorlo fritto, al pesce (mi viene in mente un salmone appena scottato, leggermente dolce), alle cozze pelose pulite, aperte e poi adagiate sopra. Oppure, chi vuole fare un po' il fighetto può accompagnarla anche al fois gras: lo tagliate a cubi di 2 x 2 cm, lo fate rosolare in padella antiaderente in modo da formare una crosticina e lo servite sulla crema.

SCUOLA *di* CUCINA

LEZIONE N° 9
* *Il brodo vegetale* *

In una pentola versate 6 l d'acqua e, a freddo, aggiungete una carota tagliata in 3 pezzi, una cipolla (precedentemente tagliata a metà e fatta bruciare su una piastra: serve a mantenere limpido il brodo), un gambo di sedano anch'esso tagliato in 3 pezzi, un pomodoro tagliato a metà, mezza foglia di alloro, 2-3 gambi di prezzemolo. Metteteci anche il sale grosso, ma ricordatevi che non ne serve molto (la quantità esatta sarebbe il 3% dell'acqua, quindi 18 g ma in questo caso, per ottenere un brodo che deve essere quasi dolce, ne bastano 10 g).
Portate a bollore gradualmente, quindi fate bollire piano piano a fuoco dolce per circa un'ora e mezza e il brodo è pronto. Scolate, filtrate e conservate in frigorifero se dovete usarlo nel giro di pochi giorni, oppure in freezer. Le verdure così bollite possono essere tagliate grossolanamente, condite con olio di noci, sale, pepe e aceto balsamico: sono un ottimo accompagnamento per uova o formaggi.

RAGÙ DI FAVE

Un altro ingrediente che mi piace molto, pensando ancora alle verdure, sono le fave. Quando sono fresche, sono buonissime e anche molto belle. In pochi le cucinano a casa perché hanno una bassissima resa: si compra molto e resta poco, ma quel poco fa la differenza. Uno dei piatti che prediligo è il ragù di fave, perché è poco utilizzato. In generale, a me piace sempre valorizzare e mettere in evidenza ricette che si tende a dimenticare. Spesso sono delle specialità dal gusto davvero unico e sarebbe un peccato se andassero perse. Questo piatto l'ho imparato in Francia, dove chiamano "ragù" tutto quello che viene legato con il burro e servito al cucchiaio. Quindi non è un ragù nel senso che diamo noi al termine, non è un sugo.

INGREDIENTI per 4 persone

240 g di fave già pulite • 2 scalogni piccoli • 70 g di burro • sale e pepe

PREPARAZIONE E COTTURA: 25 minuti

···› ATTENZIONE: se le fave sono piccole non vanno pelate, altrimenti non vi resta niente. Se invece sono grandi, bisogna togliere tutta la pellicina intorno.

Per prima cosa, pulite le *fave* (lezione n° 10): aprite il baccello con tutte e due le mani usando i pollici, quindi spingete fuori i legumi che stanno all'interno: in questo modo farete in un attimo. Sbianchite le fave tuffandole per 3 minuti in acqua bollente salata, quindi scolatele, versatele subito in una ciotola piena di ghiaccio e fatele raffreddare. Scolate nuovamente e togliete la

pellicina a tutte, una a una. Così si ottengono le fave che piacciono a me: quelle con la buccia non mi entusiasmano, perché si sente quasi solo quella e non il sapore vero del legume.
In una padella, fate saltare le fave pelate con un fondo di scalogno e di burro. Devono cuocere piano piano, senza prendere colore, solo per 3-4 minuti: si capisce che sono pronte perché diventano morbide e cominciano ad assorbire il burro. Quindi salate e pepate.
Le fave così cucinate possono accompagnare i piatti più diversi: le potete servire con un astice oppure, se volete fare scena, anche con il midollo. Lo facevamo al "Ristorante Cracco" e il piatto si chiamava "Midollo con le fave e il gruè di cacao".

SCUOLA *di* CUCINA

LEZIONE N° 10
I legumi freschi

Fave, piselli, tutti i tipi di fagioli... quando sono freschi sono più facili da preparare perché cuociono più rapidamente. Io vi consiglio di scegliere sempre quelli di stagione e di accostarli a qualcosa di molto saporito, come crostacei o frattaglie. Oppure di servirli da soli, calcolando, per esempio, 30-40 g di fave a testa. Devono essere belle morbide e ben legate con il burro. E mi raccomando: non esagerate con le porzioni, altrimenti il vostro intestino potrebbe ribellarsi!

IL TOCCO DELLO CHEF

Accostate i legumi al gruè, ovvero le fave di cacao tritate che vanno messe sopra. Se in casa non lo avete, potete anche usare del cioccolato fondente al 70% e grattugiarlo grossolanamente, al momento, sulle fave calde. Si scioglie e lascia delle piccole macchie: fantastico.

FILETTO AL PEPE VERDE

Anche qui riaffiorano i miei ricordi: quando ho iniziato a lavorare. "Da Remo" si preparava un piatto che mi aveva colpito molto perché non era cotto alla griglia o arrosto – come la maggior parte dei piatti di carne – ma aveva bisogno di una finitura aggiuntiva. Era proprio il filetto al pepe verde. Si usava sempre il pepe in salamoia, nei vasetti: aveva un aroma fortissimo, molto intenso, legato più che altro al pizzichio. Ti pizzicava in bocca, ma non aveva un gusto deciso: si percepiva qualcosa, però poi al filetto si univa la panna, quindi se anche c'era un buon sapore... addio, veniva ammazzato. Infine si aggiungeva un goccio di sugo di carne, ma era del tutto inutile, perché con la panna spariva completamente e tutto diventava uguale. Il piatto che vi propongo, invece, è come me lo immagino io senza grassi intorno.

INGREDIENTI per 4 persone

400 g di filetto di vitello pulito • 150 g di burro • 4 spicchi d'aglio • olio evo • sale • pepe verde fresco in grani

PREPARAZIONE E COTTURA: 20 minuti

···› ATTENZIONE: io uso il pepe verde fresco. Probabilmente non l'avete mai visto, ma se lo cercate si trova. Quando è fresco ha un sapore incredibile, e questo vale per tutte le spezie in generale. Quelle con cui avete di solito a che fare sono secche e hanno alle spalle anche anni di conservazione, quindi sono vecchie. Tenute sugli scaffali per anni, alla luce, con umidità, con le stagioni che cambiano, le spezie deperiscono, perdono tutte le loro proprietà più fini ed eleganti e resta solo l'aspetto forte: il pizzichio e l'odore. Ma tutta la parte più buona, più leggera e aromatica ce la perdiamo. Quindi, quando compriamo delle spezie, dobbiamo sempre cercare di capire se sono fresche: se hanno poco profumo in genere sono vecchie oppure non sono di buona qualità.

···› **ATTENZIONE:** in alternativa al filetto, potete anche usare una lombata di vitello o uno scamone. L'importante è che la carne sia tenera e tagliata controvena.

Legate la carne con un doppio giro di spago (in questo modo vi assicurerete che le fette abbiano una forma gradevole) e fatela rosolare in una piccola pentola – possibilmente una casseruola, meglio se di ghisa – con il burro, un cucchiaino d'olio, l'aglio in camicia (cioè gli spicchi separati ma non sbucciati), che toglierete a metà cottura, e il pepe verde. Fate cuocere bene il filetto in modo da azionare la *reazione di Maillard* (lezione n° 6), giratelo affinché prenda colore in maniera uniforme e continuate la cottura a fiamma dolce per 12 minuti. Attenzione che il pepe non bruci e nemmeno la padella, altrimenti vuol dire che avete sbagliato qualcosa. Quindi togliete il filetto dalla casseruola e lasciatelo riposare per 5 minuti. Nel frattempo, scolate la maggior parte del burro, togliete il pepe (lo rimetterete poi alla fine sulla carne), versate mezzo bicchiere d'acqua e sciogliete il fondo della pentola. Una volta che si è staccato, fate bollire per 3 minuti fino a ottenere la consistenza di un sugo legato (se volete esagerare, filtratelo poi al colino). In questo modo avrete preparato un sughetto di carne veloce, al momento. Potete rimetterlo in forno per riportarlo a una temperatura un po' più alta e servirlo con il suo pepe e basta o, in alternativa, presentarlo con una purea di patate bella dolce, ricca e setosa. La mettete sul fondo, disponete sopra il filetto al pepe e tutta la sua bella salsa che cola: un piatto fantastico.

SCUOLA *di* CUCINA

LEZIONE N° 11
* *Il sugo d'arrosto* *

Il sugo d'arrosto più tradizionale, chiamato anche *jus* in francese, si prepara con il pollo perché la caramellizzazione della pelle dà quel gusto "vero" che mi ricorda tanto il pranzo della domenica (quando si usciva da messa con una fame terribile...). Tagliate a pezzi piccoli 300 g di scarti di pollo (potete chiederli proprio così al macellaio) e metteteli in una pentola con mezza cipolla bianca, uno spicchio d'aglio, 100 g di burro e un rametto di rosmarino (se usate scarti di agnello, sostituite il rosmarino con del timo, se usate scarti di manzo, invece, sostituitelo con dell'alloro). Rosolate molto bene, poi bagnate con mezzo bicchiere d'acqua in maniera da diluire i succhi e fate di nuovo caramellizzare. Quindi unite ancora mezzo bicchiere d'acqua e ripetete lo stesso procedimento altre due volte: alla terza, dopo aver bagnato la carne con un po' più d'acqua, fate bollire per 20-30 minuti (anche meno, ma assolutamente non di più). Il processo di caramellizzazione è molto delicato. La carne comincia a colorare, la temperatura va mantenuta alta ma non troppo (quando il burro inizia a spumeggiare vuol dire che la temperatura è perfetta e non bisogna alzarla, ma cercare di mantenerla, magari abbassandola leggermente) e si deve sempre mescolare, in maniera che il fondo non si bruci. La caramellizzazione consiste proprio in questo: il fondo si attacca alla pentola, ma senza bruciare, e il colore resta sempre sul biondo castano (se diventa un po' più scuro il danno è fatto e va buttato via tutto). Quando l'acqua si è ridotta di quasi tre quarti, filtrate il tutto, fate ridurre ancora di un terzo e avrete ottenuto il vostro jus di carne.

Carlo Cracco

INSALATA

L'insalata è un piatto abbastanza importante, composto solo da erbe, foglie di verdure molto buone, saporite e croccanti. Spesso però viene "sottovalutata" e così si abbassa la sua qualità: da una parte, oggi si può comprare l'insalata già pronta e lavata, basta solo aprirla e condire, dall'altra, se chiedi un'insalata al ristorante spesso storcono il naso. Invece ha un suo perché e, se fatta bene, ha anche un bel valore. La mia insalata ideale, quella che mi piacerebbe servire e che vorrei faceste anche voi è ricca e si basa su un sacco di ingredienti buonissimi, che la rendono unica. Peraltro, qualsiasi cosa vogliate aggiungerci starà bene quasi certamente.
L'insalata deve essere un piatto che rinfresca il palato, ma anche bello da vedere. Quando lavoravo in Francia mi ricordo che lo chef voleva sempre che venisse preparata con la stessa cura riservata agli altri piatti. Diceva: "Se uno viene qui e vuole un'insalata, l'insalata deve essere perfetta, non una cosa fatta così, tanto per servirla. Non ne vale la pena". Loro la facevano alla francese con lo scalogno tritato finissimo, poi si preparava una vinaigrette a base di aceto balsamico e olio extravergine, un po' di moutarde *e l'insalata era pronta: buonissima e molto ricca.*

INGREDIENTI per 4 persone

30 g di insalata riccia • 30 g di soncino (trovo che sia una delle insalate più belle e più dolci) • 20 g di insalata novella tipica della primavera, tenerissima e dolcissima • 15 g di insalata lollo rossa • 15 g di insalata lollo verde • 2 cuori di lattuga • olio evo • sale

PREPARAZIONE E COTTURA: 15 minuti

Lavate accuratamente tutte le verdure, tenete solo la parte bella delle foglie eliminando, quando è presente, il gambo in mezzo, che è più duro. A questo punto potete anche mettere tutto nell'insalatiera, condire e servire, ma io vi consiglio di dare un tocco personale: arricchitela con germogli, semi, fiori... Ecco qualche idea.
Esiste circa una ventina di tipi di germogli (di porro, di barbabietola, di piselli, di crescione...) che si usano ovviamente freschissimi: si tagliano alla base e si servono così, mescolati alle erbe. Sono buoni perché hanno un gusto molto intenso e quando li mastichi senti sfumature di sapore diverse.
Anche i fiori commestibili sono ottimi e molto belli. Pensate al fiore della mela, rosso, o al fiore dei fagioli, viola, al gelsomino, bianco, o al fiore di sambuco. A maggio sono perfetti, durano un mese e sono buonissimi.
Poi c'è tutto un altro mondo, quello dei semi: semi di lino, di papavero, di basilico... Quest'ultimi sono i miei preferiti. Sono neri, quando si gonfiano sembrano delle uova in miniatura e danno il gusto del basilico con una puntina croccante al centro.
Nell'insalata potete anche aggiungere foglie di sedano, cime di carote novelle, piselli crudi, fave, spinacini con il gambo rosso (sono anche molto decorativi), o spinaci novelli. Vi sconsiglio, invece, di unire all'insalata il pomodoro fresco, perché è molto acido e rilascia tanta acqua. Usate in alternativa pomodori piccolini messi prima a candire. Prendete 20 pomodorini Datterini o Pachino e per prima cosa li pelate: fate un piccolissimo taglio, poi li buttate in acqua bollente salata per 10-15 secondi, quindi li tirate su e li trasferite in acqua e ghiaccio. Appena sono freddi li scolate e togliete la buccia. Fatto questo li sporcate con un po' d'olio, poi aggiungete 2 cucchiai rasi di zucchero a velo e un cucchiaio di sale grosso. Quindi li disponete su una teglia da forno con 2 spicchi di aglio leggermente schiacciati con il palmo e un po' di timo intero, infornate a 160 °C per 3-4 ore (se vedete che si seccano troppo, girateli a metà cottura) e poi li unite al resto dell'insalata.

SCUOLA *di* CUCINA

LEZIONE N° 12
* *La salsa vinaigrette* *

Mescolate un pizzico di sale in un cucchiaino da tè di aceto balsamico, fatelo sciogliere bene, poi unite 2 cucchiai di olio extravergine di oliva e montate il tutto. A questa vinaigrette tradizionale potete aggiungere anche della maionese o della salsa di pomodoro.
Una versione che mi piace molto si fa con il corallo dei gamberi o dell'astice. Se cucinate i crostacei avrete notato che sulla testa, quando la aprite, hanno una parte verde che in gergo è chiamata "corallo". È molto buona e saporita e, emulsionata, è ottima per la vinaigrette: conditela con un goccio di aceto balsamico (quello tradizionale possibilmente) e un pizzico di sale, sciogliete il tutto e montatelo con un filo d'olio. Noi, al ristorante, per dare un tocco in più aggiungiamo pochissimo wasabi. Se la trovate, è meglio che usiate direttamente la radice e non quello in polvere, che non è il massimo della qualità. Corrisponde al nostro rafano, ma in Giappone è verde e più piccolo, costa molto però si conserva a lungo. Emulsionate questa vinaigrette con l'olio d'oliva e create la vostra salsa, che sarà ricca, acida, leggermente profumata e con un po' di spessore.
Un'altra vinaigrette classica è quella che si fa con l'aceto di vino, normale ma buono, e un po' di sale: frustate, aggiungete l'olio e otterrete un'emulsione da versare sull'insalata.
Se non vi piace l'aceto sostituitelo con il succo di limone e, se volete fare un po' di scena, mescolatelo assieme a quello di un'arancia, magari rossa (le sanguinelle che si trovano verso febbraio o marzo). Unite un po' di sale, un pizzico di senape (meglio quella tradizionale, in grani) e poi l'olio, emulsionate ed è pronta. Potete anche tagliare a julienne le scorze, sbianchirle e servirle con l'insalata.

D'inverno invece potete aggiungere delle erbe di campo, come foglie di tarassaco o acetosella (io la preferisco appena un po' sbianchita). Tutte cose buone che arricchiranno la vostra insalata e le daranno un gusto speciale. Poi, ovviamente, ci si può anche mettere pollo, carne, pesce spada... Una buona occasione per sfruttare quello che si ha in casa, anche gli avanzi.
Al ristorante, molto spesso, ci grattugiamo sopra il tuorlo d'uovo marinato, fatto seccare per circa 20 giorni-un mese.
Ma arriviamo ai condimenti: qui davvero potete sbizzarrirvi. Potete limitarvi a del buon olio extravergine d'oliva e sale, però ricordatevi che non bisognerebbe mai mettere il sale direttamente sull'insalata, perché quando lo si trova sotto ai denti masticando è sgradevole. Andrebbe quindi sciolto in una *vinaigrette* (lezione n° 12) a base di aceto.

IL TOCCO DELLO CHEF

Potete condire l'insalata con l'olio di noci o di nocciole, al posto del tradizionale olio extravergine d'oliva. Sono due olii molto particolari e danno davvero un tocco in più al piatto.

POLPETTE DI MAESTRO MARTINO

La polpetta è un po' una ricetta mitologica, ha origini veramente lontane. Le prime notizie certe ci sono arrivate da un certo Maestro Martino, cuoco alla corte degli Sforza attorno al 1450 circa, che in un libro scrisse della polpetta. Mi sembra giusto, per questo, omaggiarlo: è una figura importante dell'epoca.
La polpetta una volta era vista come un ripiego per riciclare tutto, tanto che il primo pensiero è spesso: "Chissà cosa c'è dentro...".

Vero è che la polpetta "deve" essere un *riciclo* *(lezione n° 15), un recupero per la carne d'avanzo, ma questo non è affatto un male. Sarebbe assurdo preparare le polpette con della carne fresca e buona, perché sarebbe molto più complesso. Invece è bello prendere un po' di pollo avanzato, vitello, maiale, manzo, verdure, uova e altre cose che avete in casa.*
Il segreto della polpetta è in realtà la sua consistenza: quella che abbiamo pensato in onore di Maestro Martino parte da tutta una serie di scarti di carne con cui al ristorante prepariamo il jus, *quindi già cotta, poi recuperata, asciugata, frullata, arricchita con un po' di carni e verdure diverse (carote, cipolla, sedano, broccoletti, spinaci, di tutto di più) e spezie. La sfida era cercare di rendere questo piatto, che sarebbe di recupero, importante e di soddisfazione.*

INGREDIENTI per 12 persone

1 kg di carne mista (vitello, maiale, manzo, pollo) già cotta di avanzo • 350 g di verdure cotte (carote, cipolla, sedano, broccoletti, spinaci) • 150 g di grana • 100 g di pane grattugiato • 8 uova • 1 cucchiaino raso di spezie miste a piacere • olio di arachidi o di soia • sale

PREPARAZIONE E COTTURA: 45 minuti + raffreddamento

···› **ATTENZIONE:** il problema che potreste incontrare è che la polpetta non si leghi bene e quindi, quando la friggete, si disfi perché l'impasto è troppo bagnato. Al contrario, se è troppo asciutto, sarà bello e compatto, ma poi, una volta cotte, le polpette saranno dure e cattive.

In una bastardella mescolate insieme carne e verdure tritate, unite le spezie, il grana grattugiato, 5 uova e legate bene il tutto. Otterrete un impasto molto morbido e lasciare un po' del grasso della carne non guasta: fa sì che non si asciughi e non diventi troppo secco. Se l'impasto è troppo asciutto, infatti, le polpette non si scioglieranno in bocca. Prelevatene a cucchiaiate e formate delle palline – a me piace farle abbastanza piccole, tipo olive all'ascolana, per intenderci – e lasciatele raffreddare in frigorifero per 2-3 ore. Trascorso questo tempo, in due fondine preparate le altre uova sbattute e il pane grattugiato (di solito è meglio frullare il pancarré, ma in questo caso anche il pane secco può andare bene). Passate le polpette nell'uovo e nel pane, poi friggetele piano con olio d'arachidi o di soia, nella friggitrice, usando il cestino, o in una padella. Scolatele su carta assorbente da cucina, condite con un po' di sale e servite.

IL TOCCO DELLO CHEF

Se volete fare una cosa un po' diversa, potete provare il "bianchetto", una vecchia salsa tradizionale che veniva utilizzata per legare lo spezzatino di vitello e buonissima anche per accompagnare le polpette. Ci sono vari modi per prepararlo, ma quello che io amo di più è con burro e farina: per 100 g di burro ci vogliono 120 g di farina 00 e poco più di 1,5 l di brodo vegetale o di carne. Fate il roux sciogliendo il burro in padella e aggiungendo la farina: in base alla tostatura del burro otterrete un roux chiaro o scuro. Lasciate cuocere – altrimenti sentirete il sapore della farina cruda – poi bagnate con un brodo di carne molto semplice e fate bollire. Se lo volete più bianco e meno trasparente unite anche un cucchiaio di panna (circa 50 g). Poi insaporite con un po' di sale e, se gradite, un pizzico di vino bianco e aceto. Questa salsa appena appena acida, con una consistenza molto morbida e saporita, è perfetta come intingolo da mettere sotto le polpette.

SCUOLA *di* CUCINA

LEZIONE N° 13

* *Cucinare con gli avanzi* *

Bisogna sempre ricordare che è importante cercare di non buttare via niente, deve essere proprio un'abitudine. Se vi avanza qualche ingrediente, in linea generale tenetelo: troverete senz'altro il modo di farne qualcosa. Per conservare gli avanzi che non avete intenzione di utilizzare nell'immediato, usate i sacchettini da freezer, scriveteci sopra il contenuto e la data e congelateli, senza aspettare troppo a lungo per consumarli.

Quando avrete preso l'abitudine, sarà la vostra creatività a dirvi come trarre il meglio dai vostri avanzi. Io posso darvi qualche piccolo suggerimento per cominciare.

Quando si fa un brodo usando il biancostato (l'equivalente delle costine di maiale, però nel manzo), per esempio, ci si ritrova con questo taglio molto grasso, ma fantastico. Togliete tutta la parte grassa in eccesso, tagliatelo a freddo a fettine sottili, ottime per un vitello tonnato alla buona, oppure fatelo a cubetti, perfetti per un'insalata di manzo da servire fredda, condita con un po' di cipolla, erba cipollina, pomodorini e zucchine. Potete mettere anche un po' di paprika o maionese, ma se non avete tutto questo, basta un filo d'olio, aceto balsamico, sale ed è già buonissima. Altrimenti potete macinare la carne e farne un polpettone o delle polpette.

Con le verdure avanzate potete invece preparare delle ottime creme. Quelle del bollito – carota, sedano, cipolla – si possono mettere dentro l'insalata di carne. Oppure la cipolla del brodo potete tritarla: diventa una crema che si usa per accompagnare pesce, carne o altre verdure.

POLENTA DI AMARANTO

La cosa bella di quando si va nei negozi che vendono prodotti biologici è che si scoprono un sacco di ingredienti sconosciuti. L'amaranto l'ho scoperto proprio in una di queste occasioni: è piccolo, perfetto, profumato e allora ho voluto studiarlo e capire come l'avrei potuto utilizzare. È un cereale molto antico, veniva considerato il cereale degli dèi perché molto nobile e pregiato, inoltre è ricco di sostanze preziose per l'organismo. Ha la forma di microscopiche palline rotonde, molto carine, e si trova nei negozi di prodotti biologici o in erboristeria. I tempi di cottura sono lunghi: in questa ricetta, cercando di ottenere una polenta, ci vogliono circa 2 ore e mezza.

INGREDIENTI per 4 persone

200 g di amaranto • 1 l di acqua • 200 g di nocciole tonde gentili delle Langhe (già tostate) • 100 g d'olio d'oliva leggero • capperi • 20 g di zucchero • sale

PREPARAZIONE E COTTURA: 3 ore

···› **ATTENZIONE:** non sbagliate le proporzioni tra liquidi e cereali: se l'acqua non è sufficiente è un problema, quindi meglio metterne un po' di più, perché durante la cottura verrà assorbita.

In una pentola fate bollire l'acqua con un pizzico di sale, versate l'amaranto, mescolate bene e lasciate cuocere piano piano per 2 ore e mezza, o anche 3. Quando la polenta sarà pronta, l'acqua si presenterà quasi gelatinata e il cereale si sarà leggermente gonfiato.
La polentina può essere arricchita con una crema di nocciole. Per prepararla prendete le nocciole intere, sgusciatele, frullatele con

un filo d'olio fino a ottenere la consistenza di una pasta; quindi conditela con un grammo di sale. Meglio poi passarla al colino, per ottenere una pasta più fine. Aggiungerne un cucchiaino da tè in ogni piatto, formando dei cerchi concentrici per decorare. Questo piatto può essere un ottimo antipasto se accompagnato da calamaretti o gamberi. Un'altra idea per conferirgli un gusto più deciso è accompagnarlo con 4-5 capperi sotto sale. Dovete prima lavarli sotto l'acqua in modo da eliminare tutto il sale,

SCUOLA *di* CUCINA

LEZIONE N° 14

* *La polenta di Carlo* *

Per fare la classica polenta uso la farina di mais Ottofile che è molto ricca e grezza. Questa qualità ha una bassissima resa ed è difficile da coltivare, ma il risultato per la polenta è unico: vi sembrerà quasi di mangiare della carne, talmente è ricca, buona e sostanziosa. Per quattro persone vi serviranno: un litro di acqua, mezzo cucchiaio di olio extravergine di oliva, 300 g di farina di mais e del sale.

Fate bollire l'acqua con poco sale (al limite lo aggiungerete dopo), unite la farina, frustate e cuocete per circa 30 minuti, continuando a mescolare. Non serve altro per fare una buona polenta: servitela caldissima, accompagnandola con formaggi, carne, salumi, baccalà. La polenta giusta dovrebbe essere abbastanza densa da "stare su" e permettervi di ricavare delle fette.

Oltre all'uso classico, a me piace farne delle cialde che potete servire anche come aperitivo. Prendete la polenta già cotta, la distribuite su un foglio di carta da forno precedentemente unto con un po' di olio, coprite con un altro foglio e con un mattarello la stendete sottile. La passate in forno, sempre coperta con il foglio a 140-160 °C, fino a quando non diventa completamente secca, quindi la sfornate e la spezzate con le mani: è buonissima.

poi farli essiccare passandoli in forno a 70-80 °C per 3-4 ore: quando li tirerete fuori dal forno, vedrete che si saranno ridotti e saranno completamente secchi. Quindi uniteli alla polenta, che in questo modo acquisterà anche un po' di croccantezza.

IL TOCCO DELLO CHEF

Fate la polenta di amaranto un po' più densa (quindi usate meno acqua) e servitela come sostituto della *polenta di mais* (lezione n° 14), per esempio per accompagnare un volatile (come fagianella o faraona).

CREMA DI CAROTE E CURCUMA

Questa crema di carote e curcuma è un'idea per chi vuole una cucina sana, leggera, ma gustosa e con un pizzico in più di originalità. La curcuma è una radice arancione dal sapore deciso, molto usata in alcuni paesi asiatici, che si pela quando è fresca e si usa con estrema parsimonia perché è molto forte.
Le carote sono sempre difficili da adoperare perché sono abbastanza invadenti, un po' come le rape ma più nobili; rientrano nel gruppo "verdura buona se mangiata cruda, ma quasi mai se mangiata cotta". In questo caso noi usiamo le carote migliori, quelle ancora con il ciuffo, non troppo grandi (diffidate di quelle che lo sono, vuol dire che hanno tantissima acqua e poco sapore) e di cui si può mangiare anche la parte verde.

INGREDIENTI per 4 persone

6 carote (circa 500 g) • 20 g di curcuma fresca (un po' meno se in polvere) • olio evo • sale

PREPARAZIONE E COTTURA: 20 minuti

···› ATTENZIONE: noi siamo abituati a pelare le carote, ma se sono buone, biologiche, le possiamo usare anche intere, senza raschiare la buccia. Basta lavarle molto bene e farle bollire in abbondante acqua salata.

Lavate le carote senza pelarle e fatele cuocere in acqua bollente salata, una volta cotte (lo capite infilando uno stuzzicadenti che dovrà entrare senza fatica), scolatele, schiacciatele bene con una forchetta fino a ridurle in poltiglia e, se necessario, utilizzate anche un frullatore o un mixer a immersione: otterrete subito una purea setosa e impalpabile, molto liscia che, volendo, potreste già usare come accompagnamento o decorazione per carne o pesce. Grattugiate la curcuma fresca, aggiungetela alle carote e frullate brevemente per amalgamare il tutto. Se quello che volete è una purea, lasciate la consistenza densa (se lo è abbastanza potete anche fare delle quenelle: con l'aiuto di due cucchiai create la tipica forma oblunga), se invece preferite una crema, aggiungete un po' d'acqua o del brodo vegetale.
Completate con un filo d'olio e il verde della carota tagliato a julienne come guarnizione.

IL TOCCO DELLO CHEF

Anziché aggiunta direttamente alla crema di carote, potete usare la curcuma in polvere per aromatizzare il cibo che accompagna la purea, valorizzandone comunque il sapore. Per ottenerla, la curcuma fresca viene pelata, cotta e fatta essiccare; quindi viene frullata e passata al setaccio per eliminare tutte le pellicine e i residui di radici.
La polvere di curcuma è fantastica con il salmone, basta impa-

narci il pesce già marinato e poi servirlo subito, oppure metterlo via per un giorno al massimo. Ma è buona anche nel pollo: in una padella antiaderente con un filo d'olio fate saltare del petto di pollo a fettine larghe in modo che rosoli bene, poi passatelo nella polvere di curcuma.
La crema di carote e curcuma, invece, si può servire anche con i canestrelli, capesante in miniatura tipiche della laguna di Venezia, che sono un po' difficili da pulire perché hanno un sacco di scarto. Bisogna togliere tutta la barba che sta intorno al corallino e si ottiene questo piccolo frutto bianco (che, quando è freschissimo, si può mangiare anche crudo), si condisce con un pizzico di sale e un filo d'olio e si incorpora nella crema di carote calda già speziata: il risultato è ottimo.

SCUOLA *di* CUCINA

LEZIONE N° 15

Le spezie

È difficile riuscire a trovare delle buone spezie, ma l'errore da evitare è farvi affascinare durante un viaggio e portarne a casa un po'. È un bel gesto, ma tenete conto che le spezie vanno usate fresche e più stanno all'aria aperta più perdono sapore. Fateci caso: voi le comprate in un mercatino, vi sembrano buonissime, poi quando arrivate a casa non sanno più di niente. Vuol dire che erano vecchie. Lo so che sembra un controsenso perché in realtà la spezia è un conservante, ma è buona quando è fresca, quando è ancora carica dei suoi sapori e profumi. Inoltre preferitele a pezzi interi. Per esempio, se comprate della cannella prendete le stecche invece della polvere: sono buonissime e le potete usare anche per profumare la casa. Se volete del cardamomo, assicuratevi che abbia ancora il suo piccolo mallo, la buccia esterna, poi fatelo tostare, pelatelo e schiacciatelo. Esiste anche un piccolo macinino

da spezie: il vantaggio è che potrete macinare solo quello che vi serve, anche poco, senza che poi rimanga lì l'avanzo. È molto utile.
Uno dei segreti a proposito delle spezie me l'ha insegnato un grande cuoco, Fulvio Pierangelini, e da allora non l'ho più dimenticato, forse anche per l'amicizia che ci lega. Lui diceva che gli piace fare il "suo" barattolino di spezie. Usa delle piccole scatoline di latta, che magari contenevano biscotti, le pulisce, poi crea il suo mix di spezie e lo conserva lì. È una specie di firma che ogni cuoco ha. Quando sono tornato dalla Francia ne avevo anch'io uno, per farlo avevo tratto ispirazione da un libro di Bartolomeo Scappi, un cuoco del Cinquecento. Mi ricordo che compravo queste spezie freschissime, le tostavo, poi le macinavo tutte a mano e le mettevo via in una scatoletta che poi tenevo gelosamente nascosta. A me piaceva con zenzero e cardamomo, c'è invece chi predilige un aroma più dolce e profumato, voi ci potete mettere la noce moscata, la cannella, il pepe, il curry, la curcuma... Ognuno ha la sua composizione, la sua firma. È questa la cosa bella delle spezie: quando devi dare il tuo tocco, ce ne metti un po'... ed è fatta.

COTOLETTA (O COSTOLETTA) DI VITELLO ALLA MILANESE

La milanesissima cotoletta è un piatto la cui storia è molto particolare. Probabilmente deriva dalla Wiener Schnitzel e dunque è stata portata da noi ai tempi della dominazione austriaca. A Vienna e in Austria la fanno con la carne di maiale, noi invece in genere utilizziamo il vitello che è un po' più nobile e la prepariamo veramente in mille modi. Quella "a orecchio di elefante", per esem-

pio, è fatta con un pezzo di carne battuto all'infinito e impanato: praticamente si mangia solo pane e uovo fritto. Molti poi usano mettere del rosmarino tritato in cottura e servirla cosparsa di limone, ma non è il massimo della raffinatezza, perché con il profumo del rosmarino e l'acidità del limone praticamente si coprono tutti i sapori. Altri ancora lasciano questo ossicino piccolino che fa ridere, in confronto a quanto è grande la cotoletta.
La "mia" versione della cotoletta – quella che a me piace di più – è un po' alta, bella ricca, preparata con la carne di un vitello da latte, sotto l'anno di età, magari piemontese, perché ha delle belle venature rosse: in Piemonte si chiama "sanato".
Mi piace ricordare quando con Marchesi a fine anni Ottanta-primi anni Novanta si fece la prima "Costoletta alla milanese scomposta": in pratica si prendeva una costoletta di vitello intera e la si tagliava in quattro o cinque pezzi. Si impanava e si cuoceva anche l'osso e poi con i vari pezzi si ricostruiva la costoletta nel piatto, ridandole la forma originale. Allora usavamo solo le prime cinque coste, che costituiscono il vero e proprio carré, e ne ricavavamo cinque cotolette belle alte, una per ogni costa. Adesso, invece, al ristorante usiamo tutta la lombata, che è fatta dal carré e dal controfiletto: togliamo le coste, ricaviamo fette alte 3-4 cm e ne ricaviamo dei cubi, che poi facciamo alla milanese. Se volete risparmiare un po', invece della lombata di vitello potete comperare lo scamone, sempre "sanato" se possibile, o anche un filetto un po' alto, che potete lasciare a medaglione e impanare così com'è.

INGREDIENTI per 4 persone

4 fette di carré di vitello (oppure controfiletto o scamone) alte 4 cm • 2 uova • 200 g di pane grattugiato • 200 g di burro chiarificato • 70 ml di olio evo (o anche di arachidi) • sale di Cervia

PREPARAZIONE E COTTURA: 25 minuti

···› **ATTENZIONE:** la cotoletta andrebbe sempre fritta con burro chiarificato e olio, mai solo con burro e mai solo con olio: metà e metà. La cottura deve lasciare la cotoletta leggermente rosata, in modo da permettere alla carne di essere ancora bella morbida e umida, di contenere tutti i suoi succhi, ma contemporaneamente all'esterno di creare quella bella crosticina di pane e uovo fritto che è sempre piacevole.

Dalle fette di vitello ricavate dei cubi uguali, di circa 3-4 cm di lato. Passate ogni cubo prima nell'uovo intero sbattuto con un po' di sale e successivamente nel ***pane grattugiato*** (lezione n° 16), facendolo aderire bene su ogni "faccia". Appoggiateli sulla carta da forno e cercate di ridare una forma regolare: il segreto consiste nel riuscire a ottenere dei cubi più o meno uguali, della stessa dimensione, e nel cuocerli subito, in modo che la panatura non si stacchi. Se dovete prepararli in anticipo e li conservate in frigorifero, prima di friggerli ripassateli nel pane, che intanto si sarà assorbito.
In una padella ampia di ferro, di rame, o di acciaio, scaldate insieme olio e burro chiarificato, quindi friggete i cubi di cotoletta nel grasso ben caldo, girandoli a metà cottura. Fate attenzione perché questo è un passaggio delicato. Bisogna sempre cuocere la carne alla temperatura giusta, in modo che frigga: se è troppo bassa la panatura si stacca, se è troppo forte diventa nera. Se avete un termometro, aspettate che raggiunga i 160 °C. Prelevate i cubi di cotoletta con una schiumarola e asciugate il grasso in eccesso con carta assorbente da cucina. Fate riposare un pochino prima di servirla... ma non troppo, perché va gustata ben calda e ancora croccante.

IL TOCCO DELLO CHEF

Per non lasciare troppi scarti. Dopo aver ottenuto i cubi, la carne che avanza si può tagliare a pezzettoni, impanare, friggere e pre-

SCUOLA *di* CUCINA

LEZIONE N° 16
* *La panatura per friggere* *

Per la panatura, si passa ciò che si vuole friggere prima nell'uovo, che deve essere fresco, intero e sbattuto con un po' di sale, e poi nel pane grattugiato. La farina invece non si usa mai.
Di solito in casa si grattugia il pane secco con la crosta, ma sarebbe meglio evitare: la crosta è già tostata perciò, quando la friggete, fate una doppia cottura. Per questo motivo non vi rimarrà mai fragrante o croccante senza bruciacchiarsi un po' e il sapore sarà troppo forte. La doratura, invece, deve essere molto leggera, eterea. Per cui, quando volete friggere, usate pancarrè bianco (senza crosta) e passatelo al setaccio fine: viene molto più bello di quello frullato. E ricordatevi che la taglia del pane grattugiato è importantissima: quando è microscopica si brucia, se invece è un po' più grande è meglio, perché ci mette di più a cuocere e non brucia. In questo modo la frittura viene bella e anche molto buona.
C'è poi chi fa due giri di panatura, ma io trovo che sia eccessivo perché risulta troppo spessa. È meglio farne una, ma bene.

sentare come milanese spezzettata, sbriciolata, magari accompagnandola con una salsa agrodolce a base di aceto e miele. Preparatela così: scaldate in un pentolino 50 g di miele, fate bollire per circa 3 minuti, bagnate con 50 ml di aceto, lasciate ridurre un po' e quando, immergendo un cucchiaino, vedete che fa un bel filo denso, vuol dire che è pronta. Lasciatela raffreddare in frigorifero, poi aggiungete una manciata di pinoli tostati e dell'uvetta sultanina, precedentemente fatta rinvenire un po' in acqua. Questa salsa è perfetta e aggiunge un tocco particolare alla carne, dando una buona sensazione in bocca.
La milanese spezzettata si può servire come aperitivo anche il giorno seguente o dopo due giorni.

Per usare il pane avanzato. Quando è stagione di pomodori, ne pelate alcuni non troppo grandi e li tagliate in quattro spicchi. Facendo attenzione, togliete i semi e avrete così dei "petali", che potete usare come supporti per metterci dentro una crema di zucchine aromatizzata con della menta fresca. Sopra distribuite un po' del pane grattugiato avanzato, guarnite con qualche fiore di zucca a julienne condito con un filo d'olio e sale e passate il tutto per un paio di minuti in forno, in modo che si intiepidisca. In questo modo si ottengono dei petali di pomodori freschi davvero buoni, a cui il pane dà quel tocco di croccantezza che altrimenti mancherebbe. A me questo piatto ricorda tantissimo i pomodori gratinati che si mangiavano trent'anni fa: si tagliavano a metà, si passavano in una panure di pane, erbe, olio, profumi e poi si mettevano in forno. Ecco, questa è una versione un po' più raffinata.

CREMA (MISTA) DI ZUCCHINE

La zucchina ha un sapore molto intenso, per questo la preferisco in una versione mista. Si ottiene un mix di gusti e consistenze, dato dall'accostamento del sapore dell'ortaggio bollito con quello del soffritto.

INGREDIENTI per 4 persone

1 kg di zucchine • ½ cipolla bianca • 1 spicchio d'aglio • timo • olio evo • sale

PREPARAZIONE E COTTURA: 20-25 minuti

Lavate e tagliate metà delle *zucchine* (lezione n° 17) a pezzettoni di circa 3 cm e fateli bollire in acqua salata per 4-5 minuti. Lasciate raffreddare in acqua e ghiaccio per fissare il colore, quindi frullateli nel mixer in modo da ottenere una crema setosa. Affettate la cipolla e fatela rosolare poco, affinché rimanga bianca, con lo spicchio d'aglio, l'olio e un po' di timo, che toglierete in un secondo momento. Unite al soffritto l'altra metà delle zucchine tagliate a cubetti non troppo piccoli, salate e fatele cuocere leggermente in padella. Attenzione: devono essere cotte ma non disfatte. Appena pronte, mescolatele alla crema di zucchine bollite, guarnite con un filo di olio extravergine di oliva e servite.

SCUOLA *di* CUCINA

LEZIONE N° 17
* *Come scegliere le zucchine* *

Mediamente la qualità delle zucchine in vendita, per esempio al supermercato, non è un granché. Quelle buone costano care come il fuoco, ve le fanno pagare oro. Io vi suggerisco, se avete un pezzettino di orto o un balcone con dei vasi, di coltivarvele da soli: è una grandissima soddisfazione e vengono buonissime. Io uso quelle dei miei genitori che sono fantastiche. Loro, poi, hanno la passione per una varietà particolare che si chiama "trombetta": zucchine un po' bitorzolute con la sacca finale dei semi in vista, che trovo siano buonissime.
Ma se dovete comprarle, ricordatevi che fare la spesa è uno dei momenti più importanti quando si comincia a cucinare. È la prima cosa da imparare. In primavera ed estate prendete sempre quelle piccoline, le "dito", che costano una fucilata, ma sono buonissime, veramente. Hanno anche il fiore attaccato e di solito sono belle rigide. Il turgore è segno di freschezza, quindi, quando le acquistate, indossate un guanto e toccatele: se risultano molli vuol dire che sono vecchie, allora cambiatele. Il fiore potete toglierlo e farlo frit-

to, oppure lavarlo bene, tagliarlo a julienne e metterlo sulla crema di zucchine con un filo d'olio, sale e pepe.
Quando cucinate le zucchine non scartate niente, neanche la parte in alto dove si attacca il picciolo. Basta che le laviate bene, le tagliate e sono buonissime. Se comprate quelle con la buccia scura, di solito un po' più grosse, usate la parte esterna per la vostra ricetta e tenete la parte bianca interna per preparare una crema o una farcia.

IL TOCCO DELLO CHEF

Se avete delle bietole o degli spinaci già cotti che vi avanzano, uniteli alle zucchine bollite prima di frullare il tutto. Potete aggiungere anche un po' di prezzemolo e altre verdure: vi consiglio solo di evitare i broccoletti perché hanno un gusto troppo forte, ma tutte le altre vanno benissimo.
Un buon modo per servire la crema di zucchine è con i fiori di zucca fritti, che io adoro.

POLPA DI POMODORO CON MOZZARELLA E SEMI DI BASILICO

Questa preparazione mi ricorda un po' la caprese, la specialità napoletana dove si accostano una fetta di pomodoro, una fetta di mozzarella, origano, basilico, un filo d'olio, sale, pepe e il piatto è pronto. Quando sei a Napoli infatti, dove i pomodori son sempre buoni, le mozzarelle sono pazzesche e l'olio è ottimo, bastano solo delle foglie di basilico e un po' di origano per avere sapori speciali.

Non ci vuole molto di più. Però, secondo me è giusto anche cercare di variare e proporre idee diverse, come quella di questa ricetta: si mangia al cucchiaio, è freschissima e molto saporita. Condizione fondamentale per la buona riuscita è quella di non mettere troppa gelatina, ma soprattutto che il pomodoro sia buono.

INGREDIENTI per 4 persone

1 kg di pomodori Datterino o Ciliegia • 45 g di colla di pesce in fogli • 50 g di Mozzarella di bufala • 5 g di semi di basilico • olio evo • sale

PREPARAZIONE E COTTURA: 40 minuti

···› ATTENZIONE: in questa "caprese alla Cracco", invece di foglie di basilico o un pesto leggero usiamo i semi di basilico. Se schiacciati, questi semini hanno un sapore intensissimo di basilico, ma senza l'acidità della foglia. I migliori sono quelli tedeschi e si trovano in erboristeria e nei negozi di alimenti biologici. Mi è capitato di andare in alcuni paesi asiatici in cui non si trovavano i semi di basilico ma solo quelli di rucola, che hanno un gusto molto intenso. Li ho trattati alla stessa maniera: si può fare, ma bisogna stare attenti alle quantità.

Prendete i pomodori, lavateli bene, tagliateli a metà e frullateli velocemente. Passate la purea ottenuta a un cappello cinese (passino specifico per brodi e salse), versandone poca alla volta con l'aiuto di un mestolino: ne ricaverete un succo di pomodoro molto ricco. Pesate il succo ottenuto e calcolate circa il 6-7% di ***gelatina*** (lezione n° 18): mettetela a bagno per ammorbidirla, poi strizzatela e scioglietela a fuoco basso con un po' del pomodoro; quando sarà ben incorporata, unitela al resto del succo, quindi fate indurire in frigo per almeno 2-3 ore, meglio ancora se per tutta la notte. Una volta che il composto si è ben rassodato, montatelo usando un frullatore a immersione finché non

diventa spumoso. Attenzione però a non frullarlo troppo, perché montando sbianca, come qualsiasi elemento che ha molto colore. Otterrete una polpa di pomodoro fresca e cruda che davvero si scioglie in bocca: vi sembrerà di mangiare un pomodoro ma senza i semini, senza la pelle. Mettetela in una tasca da pasticcere e tenetela in frigo fino al momento di servire.
A parte, tagliate la mozzarella a cubetti. Poi prendete i semi di basilico e metteteli a bagno con 15 ml d'acqua (tre volte il peso dei semi): in 5 minuti l'avranno assorbita tutta e inizieranno a gonfiare e a sembrare piccoli occhi, perché l'interno è duro e l'esterno gelatinoso. Aggiungete ancora un po' di acqua (se serve), un filo di olio e un po' di sale, in modo da ottenere la consistenza di una salsa.
Servite in bicchieri trasparenti che permettano di vedere bene la polpa rossa, fresca e cremosa: versate sul fondo un filo d'olio, poi spremete la polpa di pomodoro con la tasca, disponete sopra la mozzarella a cubetti e guarnite con i semini di basilico.

IL TOCCO DELLO CHEF

La crema di pomodoro si può condire anche in modo diverso. Se non vi piace la mozzarella, potete usare le alici marinate: prendete un chilo di alici, togliete la spina centrale, pulitele bene, e mettetele a marinare coperte con 100 g di sale grosso per 20 minuti, in modo che perdano i liquidi. Trascorso questo tempo, lavatele sotto l'acqua e servitele così, condite con i semi di basilico o con un po' d'olio e 2-3 gocce di colatura di alici montati insieme, sopra il pomodoro. Oppure potete dare alla polpa un tocco croccante, accompagnandola con piccoli crostoni di pane saltati in padella con olio e rosmarino. In ogni caso, se mettete il rosmarino, niente semi di rucola o basilico: mai ripetere in un piatto gli stessi ingredienti o quelli che appartengono alle stesse famiglie di alimenti. È una regola fondamentale.

SCUOLA *di* CUCINA

LEZIONE N° 18
* *Gelatina e agar agar* *

La gelatina è a base di colla di pesce, invece l'agar agar è a base di alghe, la prima non deve cuocere, mentre la seconda sì. Vediamo bene le loro caratteristiche.

La gelatina si indurisce più o meno a seconda della quantità che usate in un alimento: più ne mettete (in percentuale) più indurisce. Se, per esempio, sciogliete 10 fogli in un litro di liquido, diventa durissima, ma se ne utilizzate solo 5 rapprende appena appena e magari non sta neanche su. Cosa fa male alla gelatina, che è un addensante? L'acidità. Tanto più un alimento è acido, tanto più bisogna alzare il quantitativo di gelatina usato. Per una gelatina di pomodoro, che è acido, dovete usarne quindi molta di più che per una gelatina di zucchine, che sono invece dolci. Lasciatela sempre prima a bagno nell'acqua finché non è molle, poi strizzatela e mettetela sul fuoco con un goccio del composto a cui la dovete incorporare. Fate scaldare, poi la mescolate bene e lasciate raffreddare. Ricordatevi che se non la frustate bene rischiate di non amalgamarla, mentre se la mettete a caldo nell'impasto rischiate che precipiti.

Quando usate l'agar agar, dovete aggiungerlo alla fine della preparazione, quando già bolle, cuocere per 2-3 minuti scarsi e poi lasciarlo raffreddare. Vedrete che diventerà un blocco molto duro. Per fare una crema la dose normale su un chilo è di 2-3 g, più ne mettete più indurisce. Aggiungetelo al vostro liquido, tipo una fonduta di grana (che noi usiamo con l'uovo marinato), fate cuocere e raffreddare, ma vedrete che, una volta duro, è veramente impresentabile. Allora vi consiglio di tagliarlo a pezzi e passarlo nel frullatore: diventerà una crema fantastica, leggerissima, fatta solo con un addensante, in purezza, che potete conservare in frigo ed è sempre pronta. Trovo che sia bellissimo. Inoltre ha un vantaggio rispetto alla gelatina: l'agar agar resiste fino a 70 °C, quindi se volete servire il piatto tiepido, lo potete fare. A temperature superiori però comincia a perdere tenuta e diventa molle, inizia a lasciarsi andare. Perciò il consiglio è di arrivare al massimo a 55-60 °C, non di più: ciò che avete preparato avrà ancora una consistenza gelatinosa, ma sarà caldo. La colla di pesce questo non lo permette: appena torna a una temperatura quasi ambiente si lascia andare e non svolge più la sua azione di collante, la dovete raffreddare.

SALMONE MARINATO CON SALSA ALLO YOGURT

È uno dei primi piatti che ho visto fare da Marchesi e mi ricorda quando ho cominciato a lavorare. Al ristorante "Da Remo", a Vicenza, si cucinava pochissimo pesce e quel poco era sempre salmone. Si faceva solo bollito e si serviva con la maionese o altre salse, sempre un po' pesanti. In alternativa, si comprava salmone affumicato: all'epoca andava molto perché si conservava meglio, era più facile da trasportare ed era un prodotto di lusso. A ogni modo, il salmone che vedevo fresco riuscivo a pensarlo soltanto bollito oppure affumicato, ma sembrava una preparazione che pochi riuscivano a fare. Così, quando sono arrivato da Marchesi, più o meno nell'85, e ho visto il salmone marinato – ovviamente oltre a tutto il resto, ma adesso non sto qui a tediarvi con i miei ricordi – sono rimasto stupitissimo e molto affascinato. Arrivavano i salmoni freschi e c'erano questi chef tedeschi, che erano dei gran rompiballe – e non è che siano cambiati molto – che avevano una gran manualità nel prepararli: sembrava un rito, un lavoro pazzesco che ti facevano pesare un sacco. Vedevo che pulivano il salmone, toglievano le lische e poi lo mettevano a marinare. E mi sembrava una cosa bellissima.

Io ero un appassionato di carne sulla quale ne sapevo un sacco, forse più di tutti, mentre sul pesce ero proprio senza basi quindi a vedere questo ragazzo tedesco, con cui facevo fatica anche a parlare, che trasformava questi salmoni, li metteva via e li tirava fuori dopo due o tre giorni che erano perfetti, mi ripetevo: "Caspita! Ma che bello! Devo impararlo anch'io!". E poi era così buono! Lui mi dava tutti gli scarti da assaggiare, ed erano fantastici!
Mi era venuta voglia di rifarlo a casa mia, per mostrare ai miei che avevo imparato una cosa vista a Milano. Insomma, per me resta sempre un bellissimo ricordo, tant'è che uso ancora oggi la stessa ricetta per la marinatura e le stesse dosi che usava quel ragazzo da Marchesi.

INGREDIENTI per 8/10 persone

1 kg di salmone già pulito • 135 g di sale • 105 g di zucchero • 2 o 3 bacche di ginepro schiacciate • 4 rametti di aneto fresco • bacche di pepe bianco schiacciate grossolanamente (2 per ogni baffa di salmone)

Per la salsa allo yogurt:
1 vasetto di yogurt bianco magro • 1 ciuffetto di erba cipollina • ½ scalogno • sale

PREPARAZIONE E COTTURA: più di un giorno

···› ATTENZIONE: bisognerebbe sempre comprare i salmoni selvatici. Quelli di allevamento ormai sono come il pollo. Non sono molto buoni, ma molto grassi, non hanno gusto e la loro carne è molliccia. I salmoni selvatici, invece, sono difficilissimi da trovare, vengono quasi tutti dal Nord, ma sono decisamente più buoni: hanno una carne molto più forte, vigorosa e la consistenza quando li mangiate è molto diversa. Il brutto è che costano il doppio, ovviamente.

Pulite il salmone, squamatelo, tagliatelo a metà, togliete la lisca e le spine, quindi praticate tre incisioni trasversali sulla pelle (non sulla carne!) lunghe 5 cm, come tre pennellate, ovviamente sulla parte più carnosa e non sulla coda. Quindi mettetelo a ***marinare*** (lezione n° 19) con il sale e gli aromi. Per usarlo, lavatelo sotto l'acqua fresca corrente e asciugatelo con la carta da cucina. Appoggiatelo sul tagliere, tagliate un pezzettino non nella parte più sottile verso la coda, ma in quella alta, e assaggiatelo per verificare se va bene di sale. Se fosse troppo salato perché avete sbagliato le dosi della marinatura, immergetelo in un litro di latte fresco e lasciatecelo per 10-15 minuti (questo trucco l'ho imparato sempre dal tedesco, che sbagliava anche lui... probabilmente non era poi così preciso): così eliminerete il sale in eccesso e restituirete la dolcezza al salmone (questo vi fa anche capire il potere del latte, che riesce a togliere il sale da una marinatura, quasi come uno sbiancante). Poi lavate di nuovo il salmone sotto l'acqua, in modo da far sparire ogni traccia di latte. Ora dovete togliere la pelle: appoggiate il salmone su un piano con la pelle verso l'alto e, con un coltello da salmone o una coltellina lunga e sottile, partite dalla punta della coda e, muovendo bene il polso, togliete tutta la pelle fino in fondo cercando di non lasciare troppa polpa attaccata alla pelle e appoggiandovi con il coltello all'ingiù. Se state con il coltello leggermente reclinato verso il basso vedrete che attaccata alla pelle resta anche tutta una parte marrone, ma è corretto, perché questa parte scura è sempre buona ma ha un sapore leggermente più forte del resto della carne. Se volete toglierla, perché esteticamente vi sembra più pulito, potete eliminarla prima o dopo aver tagliato la fetta, è facilissimo.
Una volta che il salmone è pronto lo potete mettere sottovuoto (dura tantissimo) o conservare in frigo (con la pellicola tende a ossidarsi, quindi il deperimento è più veloce). A questo punto non resta che personalizzarlo, quindi preparate la salsa: tagliate l'erba cipollina molto sottile, fate attenzione a non schiacciarla

SCUOLA *di* CUCINA

LEZIONE N° 19
* *La marinatura* *

In una ciotola, unite 135 g di sale con 105 g di zucchero, aggiungete 2 o 3 bacche di ginepro e qualche bacca di pepe bianco, entrambe schiacciate grossolanamente (calcolate 2 bacche di pepe per ogni baffa di salmone), mescolate bene e lasciate i sapori ad amalgamarsi per 20 minuti. In una teglia da forno fate uno strato con l'impasto a base di zucchero, aggiungete 2 rametti di aneto fresco, appoggiateci sopra il salmone giù pulito, poi ancora 2 rametti di aneto e il resto dell'impasto di zucchero, in modo da ricoprire bene il pesce. Coprite con la pellicola appoggiandola proprio sul pesce, e non sulla teglia, e riponete in frigo. Se lo fate al mattino alle nove, alla sera alle nove girate il salmone e noterete che si è già formato del liquido: anche il salmone contiene acqua. Usatela per bagnare la superficie del pesce, quindi rimettete la pellicola e riponete nuovamente in frigo. Il giorno successivo alle nove del mattino rigirate il salmone nella posizione di partenza, bagnandolo sempre con il liquido che si è formato. Lo rigirate nuovamente dopo oltre 12 ore: a quel punto il vostro salmone dovrebbe essere pronto. Dalla consistenza sembrerà quasi cotto e sarà abbastanza sodo, ma non troppo: deve rimanere un po' morbido.

con la lama altrimenti diventa nera, tritate lo scalogno e mescolate tutto assieme con lo yogurt e un pizzico di sale.
Potete servire il salmone con questa salsa (a me piace molto) oppure anche semplicemente con un'insalata o con la purea di carote e curcuma.

IL TOCCO DELLO CHEF

Come si personalizza un salmone marinato? Prendete dell'aneto fresco, tritate finissime le punte e passateci sopra il filetto di salmone: otterrete un'impanatura molto leggera e saporita.

COSTOLETTE DI AGNELLO

L'agnello non è una carne facile. La gente a volte è prevenuta, pensa che abbia un sapore troppo forte e dal retrogusto selvatico. Una delle idee per servirlo che abbiamo avuto al ristorante, molto bella, è impanato. Si tratta l'agnello come se fosse una cotoletta alla milanese: si fa una cotoletta di agnello (volendo anche senza l'osso), si impana la carne con uovo e pane e si frigge. È un'idea simpaticissima, che piace molto anche ai bambini perché l'impanatura porta via il retrogusto un po' forte e lo rende molto più piacevole. Ovviamente va accompagnata da carciofi. L'agnello chiama carciofi o melanzane, ma anche le patate sono "la morte sua". Noi in Italia l'agnello praticamente non lo alleviamo, abbiamo agnellini da latte o simili, ma raramente si trova quello maturo con la carne rossa. Il migliore arriva dalla Francia (provengono da lì i mitici pré-salé che, grazie al pascolo sui prati delle coste marine, possiedono una carne dal sapore dolce ma anche leggermente sapido, molto particolare e oggi quasi introvabile) oppure dal Galles, in Gran Bretagna. Lì c'è una lunga tradizione di allevamento di agnelli: ci sono quasi più agnelli che persone...

INGREDIENTI per 4 persone

8 costolette di agnello maturo alte 3 cm • 2 uova • 300 g di pane grattugiato (o pancarrè) • burro chiarificato • olio evo • sal Maldon • sale

PREPARAZIONE E COTTURA: 26 minuti

···› **ATTENZIONE:** le costolette o nocette vanno tagliate spesse perché è importante mantenere la cottura un po' rosa. È vero che a tanti non piace l'agnello rosa, tenuto un po' indietro, e che nella nostra cultura siamo abituati a mangiare l'agnello cotto e addirittura stracotto. Però non dovete dimenticare la regola che dice che una carne rossa non va mai cotta troppo, anzi, va mangiata al sangue o comunque rosa. Con il manzo o il roastbeef ci viene spontaneo seguirla, ma è utile che la osserviate anche nel caso dell'agnello, perché ne trarrete soddisfazioni maggiori: quando la carne è rosa conserva tutti i suoi umori, tutti i sapori, mentre quando è stracotta è quasi come mangiare una suola di scarpa, non ha più nessuna proprietà.

Fatevi tagliare dal macellaio una costoletta alta almeno 3 cm. Se c'è anche l'osso è meglio, sarà molto bello da vedere nel piatto, altrimenti non importa, va bene pure una nocetta (se c'è l'osso si chiama costoletta, se non c'è si chiama nocetta). Di solito si calcolano 2 nocette abbondanti a persona.
Eliminate tutta la parte di grasso: a me piace lasciarne un filo intorno, lo trovo fantastico, ma se vi dà fastidio toglietelo. Passate la carne nell'uovo sbattuto con un po' di sale e poi nel pane

SCUOLA *di* CUCINA

LEZIONE N° 20
* *Il burro chiarificato* *

Il burro chiarificato, a differenza di quello normale, tiene bene la temperatura e può quindi essere usato per friggere, senza timore che si bruci. Farlo a casa non è difficile: prendete 500 g di burro e mettetelo in una casseruola con i bordi alti, non troppo grande, e fate sciogliere a fuoco basso. La parte grassa del burro e il siero si separeranno. A questo punto scolate eliminando il siero, mettete il burro chiarificato in frigorifero e, una volta freddo, è pronto per essere usato. Di solito sono le carni a essere fritte nel burro chiarificato a differenza del pesce e delle verdure che prediligono olio extravergine di oliva.

grattugiato e friggete per circa 6 minuti in ***burro chiarificato*** (lezione n° 20) e olio d'oliva (due terzi di burro e un terzo di olio). Fate riposare per 5 minuti, quindi infornate a 200 °C per 3 minuti, per asciugare, e servite distribuendo sopra un po' di sal Maldon e accompagnando con patate, carciofi o melanzane, per esempio quelle alla menta.

IL TOCCO DELLO CHEF

Ovviamente tutto il fritto non va mai, mai, mai, servito con le salse, se non con un intingolo, quindi una salsa liquida.

FIORI DI ZUCCA

Adoro i fiori di zucca, mi ricordano l'arrivo dell'estate. Quando ero piccolo mangiavamo quelli che erano attaccati alle zucchine coltivate dai miei genitori nell'orto. Mia mamma preparava una pastella dolce, ci mescolava dentro i fiori tagliati a julienne e ne faceva delle frittelle che passavamo nello zucchero. Poi ho scoperto che si potevano cucinare anche salati e li ho fatti a modo mio.

INGREDIENTI per 6 persone

40-42 fiori di zucca • 150 g di farina di riso • 150 g di farina 00 • 400 ml di acqua minerale frizzante • olio evo • sale

PREPARAZIONE E COTTURA: 30 minuti

···› **ATTENZIONE:** quando si frigge bisognerebbe sempre farlo in una padella di ferro, di quelle tradizionali che di solito hanno dentro anche il cestino. Quest'ultimo, però, non serve a molto e porta via spazio. È meglio aiutarsi invece con una schiumarola o una pinza.

Aprite completamente i fiori di zucca, stendeteli bene ed eliminate il pistillo. Meglio invece evitare di lavare il fiore sotto l'acqua: si inzuppa e poi è quasi impossibile friggerlo. Noi al ristorante usiamo alcol alimentare messo in uno spruzzino, diamo un paio di spruzzate per lato e lasciamo evaporare, così il fiore è sterilizzato. Preparate una *pastella* (lezione n°21) con farina di riso, farina 00 e acqua gasata e mescolate il tutto, poi con un pennello stendetela sul fiore cercando di metterne il meno possibile. Girate il fiore, pennellate anche l'altro lato, poi friggetelo subito in una padella larga con olio. Il fiore deve friggere ma non diventare marrone: resterà completamente croccante e ben dritto. Salate solo al momento di servire. Sono ottimi per accompagnare una crema di zucchine, oppure serviti a tavola al posto del pane.

SCUOLA *di* CUCINA

LEZIONE N° 21
La pastella tradizionale

La pastella tradizionale è fatta con farina di riso, farina 00 e acqua frizzante. Esiste però una variante abbastanza diffusa che prevede l'uso, oltre che dell'acqua, anche della birra scura (200 ml di acqua frizzante e 200 ml di birra), oppure solo birra, per averla ancora più aromatica. C'è poi la pastella usata per la tempura, che si prepara sempre con un po' di farina di riso, un po' di farina 00 e acqua frizzante, ma poi si monta in una bastardella a bagno nel ghiaccio: resta molto fredda e si gonfia leggermente; si può fare anche con l'albume d'uovo montato a neve: è molto difficile perché si sgonfia, però è bella e soffice. Il problema è che tende a coprire il sapore di quello che state friggendo.

ZUPPA INGLESE

Questa ricetta è quella che uso io e che ho imparato da un grande pasticcere: Iginio Massari. È molto ricca di uova e zucchero e si avvicina come gusto alle creme di una volta. Poi mi capita molto spesso di mangiarne una versione casalinga buonissima che si fa in Emilia Romagna.

INGREDIENTI per 6 persone

Per il pan di Spagna:
250 g di farina 00 • 300 g di zucchero • 8 uova intere • 100 g di fecola di patate • 8 g di lievito • 1 bustina di vanillina

Per la crema al cioccolato:
150 g di tuorli • 80 g di zucchero • 125 g di latte • 10 g di cacao in polvere • 10 g di cioccolato fondente • 15 g di farina 00

Per la crema pasticcera:
200 g di latte • 120 g di zucchero • 180 g di tuorli • 150 g di panna • 18 g di farina 00 • 1 stecca di vaniglia

Per la bagna:
150 g di acqua • 150 g di zucchero • 70 g di alchermes

PREPARAZIONE E COTTURA: 45 minuti

···› **ATTENZIONE:** quando si fa il pan di Spagna non bisogna assolutamente smontare il composto spumoso ottenuto dalle uova e lo zucchero, per questo si usano le mani: per incorporare il tutto dolcemente senza smontarlo. È questo il vero segreto del pan di Spagna.

Per prima cosa, preparate il pan di Spagna: montate le uova con lo zucchero sino a ottenere un composto molto spumoso, ci vorranno circa 8 minuti. Aggiungete un po' alla volta la farina, la fecola, la vanillina e il lievito setacciati, incorporando il tutto molto delicatamente con la mano, facendo un movimento dal basso verso l'alto. Versate l'impasto in uno stampo per 12 persone imburrato e infarinato. Infornate a 180 °C per 25 minuti. Quando è pronto, sformatelo e tagliatelo in modo da ottenere delle strisce che useremo alternate alle creme. Fate la bagna che vi servirà successivamente: in un pentolino, lasciate bollire per un minuto l'acqua con lo zucchero, togliete dal fuoco e aggiungete anche l'alchermes; mettete a riposare.
Preparate la crema al cioccolato: fate bollire il latte e intanto, in una bastardella unite tuorli, zucchero, farina e cacao setacciati. Togliete il latte dal fuoco e versateci dentro il contenuto della bastardella, quindi rimettete sul fuoco e fate cuocere per 3 minuti. Spegnete e aggiungete il cioccolato a scaglie che si scioglierà man mano. Riponete la crema in frigo coperta con la pellicola a contatto, in modo che, raffreddandosi, non si crei la crosta in superficie; preparate anche la *crema pasticcera* (lezione n° 22) e quando le due creme saranno fredde, procedere alla composizione del dolce. Potete decidere se utilizzare una pirofila o una ciotola in vetro oppure stampi monoporzione da soufflé. In tutti i casi, mettete sul fondo la crema pasticcera e coprite con uno strato di pan di Spagna a fette, quindi inzuppate di bagna usando un pennello da cucina. Aggiungete uno strato di crema al cioccolato e un altro di pan di Spagna, andate avanti così finché non avrete colmato lo stampo. Potete finire il dolce con una delle due creme spolverizzata di granella di nocciole e un cucchiaio di pasta di nocciole. Di solito si serve fredda quindi riponetela in frigo per almeno 3-4 ore. Quando uso gli stampini monoporzione mi piace passarla al microonde per un minuto a potenza 350 W (o potenza media) e servirla leggermente intiepidita.

SCUOLA *di* CUCINA

LEZIONE N° 22

*** *La crema pasticcera* ***

Fate bollire 200 ml di latte con mezza stecca di vaniglia (che avrete precedentemente aperto a metà e grattato con la punta del coltello) e i suoi semi e 150 g di panna. In una bastardella unite 180 g di tuorli e 120 g di zucchero semolato frustando bene, quindi aggiungete 18 g di farina 00 setacciata. Togliete il latte dal fuoco e, dopo aver tolto la stecca di vaniglia, aggiungere il contenuto della bastardella. Mescolate bene sempre fuori dal fuoco, poi rimettete a cuocere per 3 minuti facendo attenzione che il fondo non si attacchi. Versate in una bastardella il composto e fate raffreddare in frigorifero coprendo la crema con la pellicola a contatto per evitare che si formi la crosta in superficie. Questa è una preparazione di base che potete servire anche in bicchieri di vetro finendola sopra con delle scaglie di cioccolato o dei pistacchi caramellati.

SFORMATO DI CAPONATA

La caponata si fa con melanzane, peperoni, zucchine, pomodori e cipolla. La prima che ho assaggiato l'ho mangiata dalla moglie di Marchesi, che è siciliana. Una caponata ricca, grassa, rossa di pomodoro e passata. Questa invece si trasforma in un timballino profumato, molto buono, arricchito con un po' di mozzarella.

INGREDIENTI per 6 persone

4 melanzane • 3 peperoni (1 giallo, 1 rosso e 1 verde) • 3-4 pomodori, di quelli ramati belli maturi o San Marzano • 3-4 zucchine • 1 cipolla • 100 g di Mozzarella di bufala • 1 spicchio d'aglio • 1 foglia di alloro • 1 gambo di sedano (o finocchio) • olio evo • sale

PREPARAZIONE E COTTURA: 40 minuti

···› **ATTENZIONE:** io preferisco non mettere i peperoni nella caponata perché risulta più difficile da digerire, ma se vi piacciono molto e non volete rinunciarci, togliete la buccia: tagliate le estremità del peperone e pelatelo con un pelapatate. Altrimenti, per ridurre al minimo lo scarto, mettete i peperoni sul fuoco e fateli bruciare: quando sono completamente neri, dopo averli raffreddati in acqua, eliminate tutta la buccia, che verrà via molto facilmente. In questo caso, poi, il peperone è già cotto e ha anche un buon sapore tostato. Lo stesso risultato si ottiene mettendolo in forno.

Preparate la ***caponata*** (lezione n° 24), ricordando che per realizzare questa ricetta dovete per forza pelare le melanzane con il pelapatate. Una volta che avete tagliato le bucce in modo regolare, fatele sbianchire in acqua bollente salata per 2-3 minuti; scolatele e usatele per rivestire quattro piccoli stampi da soufflé con il bordo alto 4-5 cm, ben oliati: devono essere foderati completamente, senza spazi vuoti. All'interno mettete un po' di caponata già pronta, qualche cubetto di mozzarella e un altro po' di caponata, in modo da colmare gli stampini. Chiudete con altre bucce, cuocete in forno per 6-7 minuti a 160-170 °C, sformate e servite.

IL TOCCO DELLO CHEF

Un altro modo fantastico per servire la caponata è seguendo la ricetta siciliana, che si cucina con melanzane, pomodori, sedano, cipolla, capperi, pinoli, uvetta e olive. Preparate un agrodolce: unite 500 ml di aceto, 500 ml di vino bianco e 500 g di zucchero, fate bollire e ridurre e otterrete un agrodolce bello spesso. Saltate separatamente, appena appena, tutte le verdure con uno spicchio d'aglio e un po' di olio, poi riunitele insieme e aggiungete pinoli, olive, capperi, foglie di sedano e infine un mio piccolo tocco personale: i pistacchi salati, quelli che si mangiano all'aperitivo, tagliati magari a metà. Avrete così una caponata molto particolare, un po' morbida ma anche croccante. Quando impiattate, su ogni porzione versate un cucchiaino di agrodolce e accompagnate a piacere con gamberi, pesce, carne, formaggio o mozzarella. Ci stanno bene tante cose perché la caponata ha un gusto salato, sapido, ma allo stesso tempo con un pizzico di acidità, data dall'agrodolce. Questa ricetta forse è un po' più difficile, ma vi fa capire quanto sia versatile questo piatto.

SCUOLA *di* CUCINA

LEZIONE N° 23
* *La caponata* *

Lavate e tagliate le verdure (melanzane, peperoni, pomodori ramati maturi o San Marzano –, zucchine, cipolla, sedano o finocchio) tutte della stessa dimensione: l'uniformità della pezzatura darà un risultato perfetto, non avrete la verdura che si disfa e quella che invece rimane al dente. Della melanzana eliminate anche la buccia (almeno, io non la metterei), della zucchina invece scartate un po' di polpa (a meno di non utilizzare le zucchine piccoline, le "dito"), che potrete utilizzare per fare un brodo vegetale o un fondo, insomma: mettete più verde che bianco. Per quanto riguarda la cipolla, se potete usate quella di Tropea, cioè quella viola calabrese, che è ottima. Fate saltare le verdure separatamente, in padelle diverse; in questo modo userete anche meno olio: hanno tempi differenti nell'assorbimento del grasso e così vi potrete regolare meglio. Fatele appassire tutte piano piano, senza farle colorare, quindi, se serve, scolatele dall'olio in eccesso e trasferite tutto in una casseruola con coperchio (che possa andare anche in forno), unendo lo spicchio d'aglio e l'alloro. Mescolate, aggiungete un po' di sale, coprite e mettete in forno a 180 °C per mezz'ora, lasciando che la

verdura "si rilassi" e che cuocia piano piano. Trascorso questo tempo, controllatela, se è pronta la tirate fuori e la fate riposare ancora: a me piace la caponata che si disfa (anche se è più difficile la digestione), ma è buonissima anche quando rimane un po' sotto i denti, quando avete ancora la sensazione di masticare.
La caponata è una ricetta finita. Potete servirla fredda, con il pesce (classico esempio sono i gamberi), ma anche con la carne (vitello tonnato, roastbeef, tutte cose fresche). Siccome ci vuole un po' di tempo a prepararla, fatene sempre in abbondanza: se la lasciate in frigo per un giorno, diventa ancora più buona.

LIVELLO II

Carlo Cracco

PISELLI ALLA MENTA

Adoro il profumo dei piselli: appena cotti, quando si alza il coperchio si viene colpiti da questo profumo fantastico... E mi piace anche la forma, sono delle palline piccolissime che si sciolgono in bocca ma mantengono comunque una bella consistenza. I piselli sono buoni quando sono di stagione, freschi! Mi piace molto anche il gesto che si fa per pulirli, aprire i baccelli ed estrarre con il pollice questi frutti che poi saltano e vanno in giro. Trovo che sia un lavoro molto ironico, nel frattempo si può pensare, viaggiare con la mente, immaginare il piatto che si vuole preparare. Quando ho iniziato a lavorare "Da Remo" a Vicenza, un ragazzo poco più grande di me e più esperto mi aveva insegnato che quando si cuociono i piselli bisogna iniziare e finire senza interrompersi mai. Si preparava un fondo classico di cipolla e burro, si facevano rosolare i piselli appena appena senza mai girarli (è importantissimo!), quindi si aggiungeva il brodo (con grande attenzione alla quantità: alla fine della cottura dovevano averlo assorbito tutto), si copriva e si faceva cuocere a fuoco deciso per circa 10 minuti. Per finire li legavamo con un po' di burro. Era un piatto semplicissimo, che poi si scioglieva in bocca.

INGREDIENTI per 4 persone

350 g di piselli • 60 g di burro • ½ cipolla • brodo vegetale • 1 mazzetto di menta fresca piperita o romana • olio evo • sale

PREPARAZIONE: 20 minuti

···› ATTENZIONE: usate sempre i piselli piccoli (essendo vicentino, trovo che quelli di Lumignano siano, ovviamente, i migliori). Sembrano dei pallini, senza buccia, tutta polpa, pazzeschi, cuociono in tre minuti e sono di una dolcezza!

Tritate la cipolla finemente, fate un soffritto con il burro quindi aggiungete i *piselli* (lezione n° 24), bagnate con brodo vegetale senza coprire completamente i piselli. Mettete il coperchio e fate andare a fuoco abbastanza deciso. Alla fine della cottura, spegnete la fiamma e mantecate con il burro. A quel punto aggiungete le foglie di menta, tagliata molto fine a julienne. Regolate di sale e pepe e servite.

SCUOLA *di* CUCINA

LEZIONE N° 24
* *Cuocere i piselli* *

Quando in giro trovate solo piselli molto grandi con la pelle troppo spessa, la cosa migliore è sbucciarli perché rischierebbero, in cottura, di bruciarsi: il legume dentro diventa giallo e la buccia trasparente. L'effetto è bruttissimo. Per evitare questo inconveniente, sbianchiteli prima in acqua bollente salata per pochi minuti, poi mettete a raffreddare in una ciotola con acqua e ghiaccio, quindi togliete tutte le bucce che adesso verranno via facilmente. Non buttatele, però! Mettetele in forno a essiccare a 60 - 70 °C finché non sono completamente secche. Le potete aggiungere in un'insalata alla quale daranno un tocco di croccantezza e un sapore leggerissimo di piselli. Vi consiglio di non buttare via nemmeno i baccelli: togliete i due filamenti, li lavate bene e li cuocete in acqua bollente salata per circa 6-7 minuti. Quando sono cotti li fate raffreddare nel ghiaccio, poi li scolate e frullate. Otterrete una purea di piselli grezza, molto acquosa: potete usarla al posto del brodo vegetale per cuocere i piselli oppure potete aggiungerla a un ragù o unirla a una crema di piselli o a un brodo per insaporire. Diluendo la purea con brodo, panna o acqua avrete un bella zuppa.

SGOMBRO E ACQUADELLE IN CARPIONE

Il carpione in Veneto si chiama "saor". Quando ero ragazzino non capivo che cosa fosse, è uno di quei classici piatti che si danno sempre per scontati e poi alla fine nessuno sa mai cosa siano di preciso. Nel mondo si chiama in tante maniere diverse, ma si tratta sempre di una preparazione che, in origine, serviva per conservare il pesce. A me piace farlo un po' diverso da quello tradizionale e usare lo sgombro, un pesce azzurro molto povero, e le acquadelle, pesciolini piccoli che in questo piatto si passano nella farina e poi si friggono. Abbineremo un pezzo di sgombro fresco marinato e un'acquadella, quindi un pesce quasi crudo e l'altro fritto. Il carpione, rielaborato, lo mettiamo a parte e facciamo due salse. A me piace cambiare il sapore del saor, che ricordo acidissimo e mediato dalla cipolla: l'ho eliminata e al massimo ci metto dell'erba cipollina.

INGREDIENTI per 4 persone

500 g di sgombri (2 sgombri di media taglia) • 100 g di acquadelle • 2-3 cucchiai di farina 00 • olio per friggere

Per il carpione bianco:

400 ml di acqua • 40 ml di salsa di soia • 10 g di dashi (tonno essiccato giapponese che si trova già in scaglie) • 4 g di agar agar

Per il carpione scuro:

160 ml di acqua • 100 ml di vino bianco secco • 115 ml di aceto di riso giapponese (si trova in tutti i negozi di alimentari asiatici) • 50 g di zucchero • 1 spicchio d'aglio • 1 foglia d'alloro • 4 g di agar agar • 15 g di sale

PREPARAZIONE E COTTURA: 30 minuti

···› **ATTENZIONE:** lo sgombro va consumato freschissimo, altrimenti diventa acido e pizzica in bocca.

Pulite gli sgombri togliendo lisca e spine, poi metteteli a *marinare* (lezione n° 19), così la carne rimarrà fresca. Basteranno un paio d'ore: lo sgombro non è così grasso come il salmone ed è più piccolo, quindi ci vuole meno tempo. Una volta che si è asciugato bene lavatelo, pulitelo ed è pronto. Quindi preparate le due versioni del carpione. Per la prima, in una casseruola mescolate l'acqua, la soia e il dashi e mettete sul fuoco. Quando giunge a ebollizione, unite l'*agar agar* (lezione n° 18) e lasciate bollire per 3 minuti, quindi togliete dal fuoco, fate raffreddare e tenete in frigorifero fino a quando non si solidifica. Per la seconda versione del carpione, in un'altra pentola mescolate il vino, l'aceto di riso, l'acqua, lo zucchero e il sale e fate bollire con lo spicchio d'aglio in camicia e l'alloro. Quando la miscela bolle, unite l'agar agar. Cuocete allo stesso modo e poi mettete in frigo.
Le acquadelle di solito sono di taglia piccola e si mangiano tutte, dalla coda alla testa. Sciacquatele appena appena sotto l'acqua per eliminare le impurità, asciugatele, infarinatele e friggetele. Ricordate però che, come sempre quando si frigge qualcosa di infarinato, l'olio tende a bruciare: per evitare che accada, è importante togliere sempre la farina in eccesso.
Prelevate le salse dal frigo, versatele separatamente nel mixer, frullatele in modo da ottenere due creme, una bianca e una scura, e mettetele in due sac à poche separate. Servite lo sgombro con le acquadelle fritte e, a parte sul piatto, i due carpioni rielaborati, formando prima delle palline con la salsa bianca e, sopra queste, delle altre con quella nera: avrete due condimenti cremosi ma ancora densi, nei quali potete intingere lo sgom-

bro. Le acquadelle fritte si possono appoggiare sullo sgombro o addirittura sulla salsa. Infine, per decorare potete usare erba cipollina, cerfoglio e tutte le erbe che volete. Otterrete così un carpione pazzesco, di una leggerezza e finezza incredibili. Poi, con questo condimento, vi farà viaggiare lontano.

SCUOLA *di* CUCINA

LEZIONE N° 25

Il carpione tradizionale

Tagliate 2 cipolle sottili e fatele appassire con un po' di olio, uno spicchio d'aglio, 2 foglie di alloro e qualche grano di pepe, sfumate con 150 ml di vino bianco e 100 ml di aceto e cuocete per almeno 30 minuti: la cipolla deve essere proprio ben cotta. Lasciate raffreddare, quindi trasferitene un po', con parte del sughetto che si è formato, sul fondo di una pirofila. Procedete coprendo con uno strato di sarde passate nella farina e fritte, poi con un altro di cipolla e così via, fino a esaurire gli ingredienti; poi fate riposare. È proprio questo il trucco: il carpione, per essere buono, deve aver riposato almeno un giorno, in modo che la carne abbia assorbito tutti i sapori e gli aromi.

CREMA SOFFICE AL MASCARPONE CON MERINGHE

Le meringhe si fanno spesso anche in casa, un po' per i bambini, un po' per concedersi piccoli vizi personali. Si cerca di replicare quelle di pasticceria perché costano poco e durano a lungo, ma con la meringa si incontra quasi sempre qualche problema. Non è altro che

albume mescolato con zucchero e montato a neve, che poi si inserisce in un sac à poche per creare forme diverse che vengono messe ad asciugare in forno o vicino al termosifone. Però a volte diventano dure e non sono buone. Vi do un consiglio per ovviare a questo problema: invece di farne una grande, monoporzione, faremo delle meringhette piccolissime, che si asciugano più velocemente e senza supporti tecnici e da impiegare in molti dessert diversi. Qui ci serviranno per "impanare" una buonissima spuma di mascarpone.

INGREDIENTI per 6 persone

Per le meringhe:
125 g di albume • 190 g di zucchero • 150 g di zucchero a velo

Per la crema:
125 ml di panna fresca • 125 g di mascarpone • 1 foglio e ½ di gelatina • 30 g di zucchero

Per guarnire:
cacao in polvere

PREPARAZIONE E COTTURA: 4 ore e mezza

···› ATTENZIONE: quando preparate le meringhette, fate attenzione alla dimensione: la quantità di meringa usata deve essere sempre uguale, così asciugheranno alla stessa maniera e non avrete problemi. Se sono di taglia diversa, invece, una risulterà più secca e una più morbida e il risultato finale non sarà perfetto.

Versate in una planetaria (potete usare anche una ciotola e uno sbattitore elettrico) l'albume con lo zucchero semolato e sbattete fino a che il composto si gonfia; a quel punto continuate a lavorarlo aggiungendo un po' alla volta lo zucchero a velo e finite di montarlo: ci vogliono almeno 10-12 minuti. Una volta che l'impasto è bello morbido, liscio e sta in piedi da solo – magari fate la prova col dito o con un cucchiaio di legno: il composto deve "stare in piedi" e non colare via – prelevatelo dalla ciotola e trasferitelo in un sac à poche con beccuccio liscio e piccolo. Coprite delle teglie con carta da forno e usando il sac à poche deponete delle piccole quantità di meringa formando dei puntini piccolissimi, quasi come l'unghia di un mignolo. Quando con il sacchetto vi appoggiate alla carta, schiacciate leggermente e poi tirate su velocemente, in modo che rimanga quella piccola virgola che fa sempre sorridere. Riempite tutta la teglia con questi puntini molto vicini uno all'altro e mettete ad asciugare vicino al forno a 60 °C o sul calorifero. Calcolate che a temperatura ambiente abbastanza calda (22-24 °C) in 4 ore le meringhette saranno completamente asciutte e allora si staccheranno da sole. Quando saranno pronte, preparate la crema: fate sciogliere a freddo lo zucchero nella panna poi aggiungete il mascarpone e la gelatina, sciolta precedentemente a bagnomaria in poca ac-

SCUOLA *di* CUCINA

LEZIONE N° 26

** La meringa all'italiana **

La meringa all'italiana è una base fondamentale della pasticceria internazionale ed è ottima per mousse o creme.
Per prepararla fate bollire 75 ml di acqua con 250 g di zucchero per circa 10 minuti, fino a ottenere uno sciroppo denso. In una ciotola montate a neve gli albumi (devono essere a temperatura ambiente, mi raccomando) versando contemporaneamente a filo lo sciroppo piano piano. Continuate a montare finché l'impasto non sarà freddo. Io, per esempio, lo uso anche per decorare la torta al limone che mi piace tanto.

qua. Fate solidificare per 20 minuti in frigorifero, quindi, con lo sbattitore elettrico o con la frusta a mano, montate un po' questa crema, in modo che incorpori aria, e poi modellate delle palline della dimensione di quelle da tennis. Versate le meringhette in una teglia e impanate le sfere di mascarpone facendole rotolare sulla teglia ripetutamente, in modo che ne rimangano attaccate tantissime. Appoggiate sul piatto la pallina, cospargete con un po' di cacac in polvere (utilizzando uno spargizucchero o un colino) e infine guarnite con un'amarena sciroppata, oppure salsa al cioccolato, al caffè o di frutta.

IL TOCCO DELLO CHEF

Messe tutte insieme, le meringhette sembrano dei biscottini, quasi delle decorazioni, ma possono diventare facilmente la base per altre ricette. Potete anche servirle come piccola pasticceria: fate sciogliere un po' di cioccolato fondente e mettetelo nel sac à poche, quindi distribuite le meringhette sul piano di lavoro o su un vassoio e decoratele con delle strisce di cioccolato. Si solidificherà e avrete delle bellissime meringhe al cioccolato.
In un contenitore ermetico, si conservano per qualche giorno.

GNOCCHI RIPIENI

Uno dei primi che ho visto fare al ristorante quando ero agli inizi sono stati gli gnocchi farciti con la carne, un po' come dei tortellini. Si facevano queste palline che poi si chiudevano, e non era male. Però siccome l'impasto doveva tenere all'interno la carne, ci mettevamo dentro un sacco di farina, quindi alla fine era gnucco, non gnocco...
Invece una cosa che ho imparato dopo, una specialità del Friuli, sono i "cialsons", un impasto più o meno "da gnocchi" dove all'interno invece di mettere una farcia di carne o di pesce si metteva della frutta secca. Un piatto molto tradizionale, carino, molto particolare. Mi ricordo che a Firenze l'avevamo rivisitato, nel 1991: c'era Andrea Berton con me che era friulano e sapeva fare bene l'impasto, e lo abbinavamo con i calamaretti. Era un piatto che andava un sacco all'epoca, decisamente il più richiesto.

INGREDIENTI per 4 persone

Per gli gnocchi:
500 g di patate • 110 g di farina • 80 g di grana grattugiato • 2 tuorli grandi (3 se sono piccoli) • sale • pepe bianco

Per il ripieno:
500 g di ricotta • 3 g di polvere di curcuma (o fresca grattugiata) • sale

PREPARAZIONE E COTTURA: 1 ora e mezza

···› ATTENZIONE: le migliori patate da usare per la preparazione degli gnocchi sono quelle di montagna, molto asciutte, con pochissimo amido, però difficili da trovare. Quelle che si comprano di solito sono fresche, hanno tanto amido e poche volte sono

eccezionali. Se potete, chiedete sempre patate vecchie o patate di montagna.
Se poi volete permettervi un lusso visto che il piatto è abbastanza povero, potete usare le patate ratte, che sono piccoline, molto buone, mature (ma costano il doppio di quelle normali!): è una varietà francese che si mangia anche con la buccia: si usa moltissimo nei ristoranti perché è considerata un po' la "Rolls-Royce" delle patate.

In una bastardella, mescolate la ricotta, la curcuma e regolate di sale. Preparate l'impasto per gli ***gnocchi*** (lezione n° 27), tagliatene un pezzo e stendetelo con il mattarello per formare un rettangolo stretto e lungo. Con un coppapasta, ritagliate dei cerchi dentro i quali metterete il ripieno con una tasca da pasticcere. Richiudete gli gnocchi formando delle mezzelune e con i mignoli premete leggermente sui bordi per sigillare. Cuocete in abbondante acqua salata per 2 minuti, o comunque il tempo necessario perché gli gnocchi salgano a galla.
In padella sciogliete il burro, aggiungete gli spinaci, i pinoli tostati e l'uvetta. Aggiustate di sale. Passate gli gnocchi in padella a fuoco spento, amalgamate eventualmente con acqua di cottura se volete un sughetto più morbido e servite. Oppure, potete passare in padella gli gnocchi a parte e poi adagiarli sul piatto dove avrete già disposto spinaci e pinoli.

SCUOLA *di* CUCINA

LEZIONE N° 27
* *Gli gnocchi di patate* *

Fate bollire l'acqua, mettete dentro 500 g di patate intere con la buccia, aggiungete un po' di sale e fate cuocere (sono pronte non quando si disfano ma quando la punta di un coltello entra bene). Pelatele ancora calde, se riuscite, eventualmente aiutatevi con un

panno o un pezzo di carta. Togliete anche tutti gli occhietti neri che sono presenti sulla superficie, se no poi ve li trovate dentro l'impasto. Schiacciate le patate con lo schiacciapatate, unite 110 g di farina, 80 g di grana, 3 tuorli. Impastate il tutto e cercate di non fare assorbire subito tutta la farina. Le vostre mani devono essere leggere, con un movimento che più che impastare accompagna, in questo modo l'impasto assorbirà molta meno farina di quella che invece richiederebbe la patata. Un segreto per non perdere subito tutta la farina è quello di metterne a fontana la metà e l'altra metà tenerla da parte. Aggiungete la farina poco alla volta, così non rischiate di doverne aggiungere ancora. Anche perché poi, se gli gnocchi sanno di farina, non cuociono mai e non sono buoni. Dividete l'impasto in filoni, tagliate gli gnocchi della misura desiderata e poi passateli uno alla volta sul dorso di una forchetta premendo leggermente in modo da imprimere le classiche scanalature. Potete cuocerli freschi, oppure congelarli su dei vassoi infarinati, distanziati tra loro, quindi riporli nei sacchetti appositi scrivendoci sopra la data di congelamento.

Carlo Cracco

GNOCCHI CON SAUTÉ DI FUNGHI

Sicuramente gli gnocchi sono considerati più nobili all'estero che da noi, per noi italiani è più un prodotto casalingo che da ristorante. Mia mamma li faceva una volta al mese ed era un lavoro da sbrigare velocemente: bisognava cuocere le patate, pelarle da calde, fare tutto in fretta, in modo che non assorbissero troppa farina, anche se poi l'assorbivano lo stesso... Però lo gnocco, a me, non è che piacesse tantissimo. Mi piaceva vedere tutto quello che succedeva in casa, ma il risultato non mi entusiasmava. Odiavo proprio lo gnocco col pomodoro – ripensandoci adesso, c'era troppa acidità –, invece mi piaceva un sacco con il ragù.
Quando sono andato in Francia, a Montecarlo, era la specialità che faceva impazzire lo chef Ducasse, con cui ho fatto la mia prima esperienza in terra straniera. Lui in generale stravedeva per la pasta e per il risotto, però aveva un debole anche per gli gnocchi, che preparava in tutte le salse. Per loro era una cosa vera, molto italiana, poco usata e che quindi andava valorizzata. Mi ricordo che nel suo ristorante, il "Louis V", si facevano gli gnocchi e all'epoca ero un po' perplesso. Da lì nasce questa voglia di proporli. In effetti, intorno agli gnocchi c'è un mondo pazzesco.

INGREDIENTI per 6 persone

Per gli gnocchi:
500 g di patate • 110 g di farina 00 • 80 g di grana • 3 tuorli grandi (4 se sono piccoli) • sale • pepe bianco

Per il sauté:
250 g di funghi (finferli o porcini o ovoli) • 1 spicchio d'aglio • burro • olio evo • sale

PREPARAZIONE E COTTURA: 60 minuti

···› **ATTENZIONE:** gli ovoli sono buoni quando sono chiusi e hanno ancora tutta intorno la pellicina bianca (di solito è sporca di terra). Se vedete che al fungo manca una parte della sua pellicina o che, per esempio, la cappella sopra è già uscita, vuol dire che è già andato oltre la maturazione. Può essere buono lo stesso, però non è più freschissimo.

Preparate un piccolo sauté: *tagliate i funghi* (lezione n° 28) a cubetti, fateli saltare con l'aglio, un filo d'olio o burro (o poco di tutti e due), sale e rosolate bene. Oppure potete usare la cappella a crudo, tagliata a lamelle sottili, e il resto in sauté.
Nel frattempo preparate gli *gnocchi* (lezione n° 27), cuoceteli in abbondante acqua salata, tirateli su con una schiumarola non appena salgono a galla. Condite con il sauté di funghi, magari completato con un po' di sugo di carne oppure un filo d'olio.

SCUOLA *di* CUCINA

LEZIONE N° 28
* ***Mondare e cuocere i funghi*** *

Se potete, cercate di non lavare mai i funghi nell'acqua, soprattutto i porcini: bisogna sempre pulirli con carta da cucina bagnata con acqua e un po' di disinfettante alimentare e grattarli con uno spelucchino. Oppure, come per la frutta, si può dare una spruzzata di alcol alimentare, che poi evapora.
Del fungo non si butta mai niente: si gratta via solo la parte finale, che poi si tiene da parte. Quando compro un chilo di funghi non sono mai tutti uguali: ci saranno quelli più molli, quelli più freschi e sodi, quelli più piccoli e quelli più grandi, quelli con il gambo lungo,

quelli con la cappella chiusa ecc. Quindi bisogna capire come sfruttare queste differenze: se i funghi hanno la cappella ancora chiusa, l'ideale è tagliarli a metà e cuocerli così come sono; i gambi particolarmente lunghi potete invece tagliarli a cubetti per farne un sauté. I funghi piccoli sono buonissimi sott'olio: puliteli, fateli sbianchire in acqua e aceto con una foglia di alloro e un po' di aromi, asciugateli, lasciateli riposare e quando sono freddi metteteli sott'olio con altri aromi. Dalle cappelle già mature togliete le lamelle e mettetele da parte insieme alle parti finali dei gambi, in questo modo il fungo durerà di più. Con le parti scartate potete preparare un brodo di funghi: pesate le parti finali e le lamelle, unitele a una quantità di acqua pari a dieci volte il loro peso, portate a ebollizione senza mescolare e, quando comincia a bollire, spegnete il fuoco e lasciate riposare per circa un'ora. Quindi filtrate il tutto con l'aiuto di un mestolo, senza muovere la terra dal fondo, e otterrete un brodo che potete far ridurre e poi utilizzare per un risotto o per una zuppa.

IL TOCCO DELLO CHEF

Con i porcini – o ancora meglio con gli ovoli – potete preparare un condimento a crudo in alternativa al sauté. Prendete gli ovoli, puliteli, tagliateli sottili sottili e tenete da parte. Fate rosolare in padella gli gnocchi già lessati in acqua bollente salata, poi aggiungete un filo di olio, un pizzico di sale e un formaggio leggerissimo, tipo un Asiago stravecchio, tagliato fine fine. Serviteli in un piatto e finiteli con gli ovoli, magari anche con un po' di prezzemolo tritato condito con dell'olio. Mangiando i funghi crudi con gli gnocchi, che sono molto saporiti, avrete un contrasto tra cotto, crudo e il sapore del fungo, che è unico.

GARGANELLI CON RAGÙ D'ANATRA

Il ragù bianco a base di anatra è molto particolare. Se non sbaglio, è il condimento tipico dell'altovicentino per i bigoli. A me è piaciuta l'idea di riutilizzarlo: proprio perché è un ragù bianco, si presta bene a qualche modifica che aggiunga un tocco originale e che lo personalizzi.
I garganelli, invece, sono una pasta tipica emiliana. Per prepararli serve un'apposito utensile di legno che a me piace tantissimo: è una piccola chitarra in miniatura, con un bastoncino di legno dove si appoggiano i quadrati di pasta e con il palmo della mano si fanno scorrere in modo da richiuderli su loro stessi. Alla fine si ottiene un garganello, che ha due estremità molto aperte e una parte centrale chiusa. È un gesto bellissimo, e poi la pasta fatta in casa, in generale, è sempre buona. In Italia esistono moltissimi di questi attrezzi particolari che servono a produrre forme diverse e che dimostrano che un tempo ognuno ha voluto personalizzare la sua pasta, renderla unica. "Noi facciamo il garganello, noi facciamo il corzetto, noi facciamo i bigoli, noi facciamo i fusilli..." Potete anche girare tutta l'Italia seguendo i tipi di pasta! Ecco quanto era importante creare i propri piatti: era (ed è tutt'ora) segno di cultura e di grande tradizione.

INGREDIENTI per 6 persone

850 g di garganelli freschi • 500 g di petto (o coscia) d'anatra • fegatini e interiora d'anatra • cipolla • cipollotto • scalogno • 250 g di burro • 1 ramo di salvia • aglio • alloro • olio evo • Marsala secco (o vino bianco) • brodo di carne (un brodo di pollo va benissimo, meglio ancora se riuscite a farlo con l'anatra) • sale

PREPARAZIONE E COTTURA: 60 minuti

···› ATTENZIONE: di solito, nella ricetta tradizionale del ragù, non si mette il petto dell'anatra (che viene cotto e servito in maniera diversa, poiché è la parte più pregiata), ma si utilizzano le cosce e le interiora, che danno un sapore molto più forte. Adesso vendono anche le cosce da sole: costano meno e la carne è molto buona, un po' più mista.

Per il ragù, togliete l'osso dalla coscia e, con il tritacarne, tritate tutto abbastanza grossolanamente, possibilmente due volte, con lo stesso numero, cioè la stessa grandezza del taglio. Se volete un ragù bello grasso mettete anche la pelle, se no eliminatela. Il mio consiglio è di tritare tutto, poi man mano che in cottura verrà su il grasso toglierete quello in eccesso: così il risultato sarà migliore. Una volta tritata la carne, tagliate a mano tutti i fegatini e le interiora dell'anatra, in modo che restino un po' più grandi e si disfino in un secondo momento (se non vi va di fare questa operazione, potete anche tritarli insieme alle cosce).
Tritate sottilmente cipolla, cipollotto e scalogno e fate un bel soffritto con 60 g di burro e tanta salvia – usate un bel ramo di salvia, proprio abbondante – aglio e alloro. Intanto fate rosolare bene a parte la carne e le interiora con un po' di olio e burro e sfumate con un goccio di vino bianco o meglio, se ce l'avete, di Marsala secco.
Versate il tutto nella pentola del soffritto, aggiungete il brodo di carne fino a coprire e unite il burro rimasto. Quindi lasciate andare il vostro ragù, che deve arrivare a bollire e cuocere per almeno un'ora e mezza (se vedete che la pelle produce troppo grasso, toglietela). Avrete un ragù eccezionale, bianco, molto saporito e buono. Con fegatini e interiora, poi, è fantastico. Preparate i *garganelli* (lezione n° 29), cuoceteli in abbondante acqua salata e conditeli con il ragù d'anatra.

SCUOLA di CUCINA LEZIONE N° 29

** I garganelli **

I garganelli sono una pasta all'uovo tipica dell'Emilia Romagna, si chiamano anche maccheroni sul pettine per via dell'attrezzo che serve per dare alla pasta all'uovo la tipica forma: è un vero e proprio pettine, tenuto rialzato da due sponde, che si appoggia sul tavolo e si usa assieme a un bastoncino di legno specifico. Setacciate 350 g di farina Manitoba con 200 g di semola e impastate bene con 210 ml di acqua, 20 ml di olio, 2 uova intere, 2 tuorli e 20 g di sale per circa 5-6 minuti. Create una palla, avvolgetela nella pellicola e fate riposare. Quindi stendetela, con un mattarello o con la sfogliatrice, fino a ottenere una sfoglia molto sottile. Tagliatela a quadrati di circa 3 cm di lato, quindi avvolgeteli sul bastoncino di legno partendo da un angolo, appoggiateli sul pettine e fateli rotolare premendo leggermente, sfilate il garganello e procedete allo stesso modo finché non avrete finito la sfoglia. Si possono cuocere subito, far essiccare all'aria (come per tutti i tipi di pasta fatta in casa), oppure congelare su dei vassoi e poi riporli in freezer nei sacchetti appositi.

IL TOCCO DELLO CHEF

Volete esagerare? Usate un po' di foie gras d'anatra, anche se costa caro. Lo tagliate a cubetti, lo fate saltare a parte, poi lo sfumate con un goccio di Marsala secco e lo mettete sopra i garganelli al ragù. Fantastico.

CROSTATA AL LIMONE

La crostata al limone è un classico tra le crostate alla frutta, con la differenza che al posto della frutta, si mette la crema e quindi si crea questo contrasto tra il croccante della pasta frolla e la morbidezza del ripieno. Nella versione tradizionale viene servita con sopra la meringa all'italiana, magari bruciata con il cannello, in modo che venga un po' tostata. È buonissima. La miglior torta al limone che io ricordi l'ho mangiata in Liguria, a Garlenda. Ho lavorato anche là e ne ho fatte un bel po'. Ma ce n'è un'altra, esagerata, che mi è rimasta nella memoria e che mi ha preparato lo chef Marco Pierre White a Londra: alla fine del pasto mi ha portato questa crostata al limone che sarà stata per otto persone, e noi eravamo in due... Vi dico che non ne è avanzata nemmeno una briciola.

INGREDIENTI per 6 persone

200 g di pasta frolla • 300 ml di latte • 200 g di zucchero • 200 g di burro • 200 g di tuorli • 150 ml di succo di limone

PREPARAZIONE E COTTURA: 50 minuti

···› ATTENZIONE: per questa ricetta è meglio preparare una pasta frolla tradizionale, aggiungendo però la scorza di un limone non trattato. Se poi potete usare quello di Amalfi, ancora meglio.

Preparate la *pasta frolla tradizionale* (lezione n° 30). Trascorso il tempo di riposo, stendete la pasta e rivestite lo stampo da crostata, bucherellate il fondo con una forchetta e fate riposare in frigorifero ancora per mezz'ora. Quindi coprite la frolla con la carta da forno e riempite lo stampo di fagioli secchi (ma potete

usare anche quelli freschi, tanto poi li recuperate), per ottenere un "guscio" liscio evitando che la pasta gonfi. Ci si riesce anche lavorando poco la frolla, senza scaldarla, ma con i fagioli è più facile, soprattutto quando si è un po' di fretta. Cuocete in forno a 180 °C per 10 minuti.
Per la crema al limone, mescolate latte e burro in una casseruola, fate sobbollire per 5 minuti, poi togliete dal fuoco e aggiungete lo zucchero con i tuorli. Rimettete sul fuoco per 2-3 minuti, unite il succo di limone, che scioglierà leggermente la preparazione, e continuate a cuocere per pochissimo tempo, 1-2 minuti circa. Otterrete una crema bellissima, molto liscia e gialla, con un ottimo profumo. Quando è ancora calda, colate la crema nello stampo di frolla già cotto e lasciate riposare per mezz'ora o un'ora, in modo che la farcitura si raffreddi. A questo punto potete guarnire la crostata (ma potete anche tenerla così, liscia, in modo che non si rovini quando la tagliate).

IL TOCCO DELLO CHEF

Per fare una cosa da veri pasticceri, dopo aver rivestito lo stampo di frolla disegnate con un coltello sei o otto spicchi. Questi segni fateli soprattutto sul bordo esterno: vi serviranno per sapere esattamente dove tagliare. A questo punto, con i segni visibili, potete fare delle aggiunte alla ricetta base, per esempio con questa marmellata di limoni: prendetene 2 (uno solo se è grande) buoni, non trattati, eliminate le due estremità del frutto in modo da poterlo appoggiare sul tagliere e pelate via la scorza molto spessa (circa 0,5 cm) con un po' di polpa attaccata: verranno quattro o cinque falde. Sbianchitele per tre volte (mettetele in acqua fredda sul fuoco, portate a bollore, fate bollire per circa un minuto, scolatele e ricominciate da capo, per tre volte) e poi tagliatele a julienne o a cubettini piccoli. Trasferitele in una padella con 250 g di zucchero, lasciate cuocere appena

appena, quindi unite il succo dei limoni spremuti e continuate la cottura fino a ottenere una composta veloce di limone, fatta bene. Se volete farla rapprendere un po' di più, aggiungete un cucchiaino da tè di pectina, uno zucchero derivato dalla frutta che è un addensante naturale e si compra al supermercato o in farmacia. Lasciate raffreddare, quindi stendete questa composta sulla base di frolla, ma all'interno del triangolo già segnato, non a caso. Poi colate sopra la crema: nasconderà tutto, ma quando taglierete la crostata troverete questa bella sorpresa (ciascuna

SCUOLA *di* CUCINA

LEZIONE N° 30

** **La pasta frolla tradizionale** **

Mescolate insieme 500 g di farina 00 con 50 g di farina di mandorle e 175 g di zucchero. A parte lavorate 200 g di burro molto morbido con 75 g di tuorli e un pizzico di sale, quindi unite i due composti, amalgamate il tutto e impastate velocemente su un piano di marmo o di legno. Se volete un consiglio, tenete un po' di farina da parte: la aggiungerete a mano a mano che finite di preparare l'impasto – anche per pulirvi le mani o il tavolo – senza doverne aggiungere altra rispetto alle dosi previste. Una volta pronta, fatene un panetto, avvolgetelo nella pellicola e fatelo riposare in frigorifero per un paio d'ore.
Se preferite, potete anche usare meno burro, ma fate attenzione, perché più ne eliminate, meno friabile sarà la pasta. Per intenderci: le calorie saranno meno, ma la frolla resterà un po' gnucca. Esiste una variante che a me piace tantissimo e consiste nell'utilizzare il burro salato (il migliore è quello francese, ma non è facile da trovare), che dà una nota diversa alla pasta frolla. Inoltre, con un'ulteriore piccola aggiunta di sale (che va comunque sempre fatta nelle uova), si ottiene un impasto molto particolare, leggermente diverso e perfetto per una torta salata (anche se

è un po' una forzatura) oppure, se volete fare un po' i ricercati, usatelo per una crostata dolce: avrete una nota dolce e salata allo stesso tempo, molto profumata. Il burro francese, poi, è sempre molto ricco, quindi la frolla verrà sicuramente bene, friabile e con un sapore quasi di mare.
La farina di mandorle si ottiene frullando le mandorle pelate (per non usare una farina con un colore eccessivamente scuro), ma è consigliabile comperarla già fatta, per evitare di tirare fuori dai frutti troppo olio durante la triturazione. Inoltre, spesso la polpa tende ad attaccarsi alle lame e si ossida un pochino. Bisognerebbe farlo usando lame molto fini, ma è comunque poi necessario filtrare con un setaccio per scartare le parti più grosse. Altrimenti, se uno ha pazienza, può anche grattugiare le mandorle a mano: ci metterà 5 minuti in più, ma in questo modo la farina verrà perfetta perché non perderà gli olii e rimarrà molto più buona. La pasta frolla si usa per le crostate (queste dosi vi permettono di prepararne 4 o 5: usate quella che vi serve e poi congelate il resto in panetti), come base per vari dessert e in tantissime altre maniere, anche per fare biscotti piatti e friabili. Per realizzare un'altra variante potete aggiungere all'impasto ancora 100 g di burro e otterrete una pasta frolla friabilissima e gustosissima, che era la base di un antico biscotto fantastico. Andava appena appena sporcato con una crema di burro e poi passato tutto intorno nella granella di nocciole. È un biscotto semplicissimo, ma con quei sapori che riportano un po' indietro con la memoria.

fetta si taglierà perfettamente se avrete seguito gli spicchi). Potete anche usare del lime per ottenere un sapore diverso. In questo caso, unite a 100 g di succo di limone, 50 g di succo di lime. Solo per i più "esperti": esiste un *finger lemon*, presidio Slow Food, che viene dall'Australia ed è tipico della zona a nord di Brisbane. Si tratta di un baccello nero pieno di microsfere di limone che si schiacciano in bocca e rilasciano quel poco di succo che contengono, con un sapore più simile a quello del lime che del limone. Potete metterle sulla frolla prima di versare la crema: sarà una sorpresa per chi mangia. Oppure potete anche usarle come guarnizione. Le spargete sulla torta, poi aggiungete un po' di gruè di cacao (cioè le fave del cacao macinate) e coprite con una gelatina di frutta neutra (che si fa con acqua, colla di pesce e si aromatizza con un po' di succo): sotto i denti sentirete il limone, il cacao (che non è cioccolato, ma le fave, che sono tutto profumo) e la vostra crema. Il problema è procurarsi il *finger lemon* in Italia. A volte si trova anche in certi mercati ben forniti, ma se conoscete qualcuno che va in Australia, fatevelo portare.

LASAGNE AL RAGÙ

Mia mamma preparava le lasagne al ragù di domenica, quando mi svegliavo un po' più tardi rispetto agli altri giorni della settimana. Quel profumo era la mia sveglia, era il buongiorno del mattino che preludeva al giorno di festa. È un grande piatto classico e, soprattutto, una volta pronto è facile da scaldare e servire. Anzi, è uno dei pochi che può andare bene anche il giorno dopo. Mia mamma preparava il ragù in anticipo, poi la mattina si alzava prestissimo per fare la pasta e tirarla. Infornava verso le dieci, poi lasciava riposare mentre noi andavamo a messa e all'ora di pranzo erano perfette.

INGREDIENTI per 6 persone

Per la pasta all'uovo:

500 g di farina 00 • 175 g di semola • 7 tuorli • 2 uova intere • 25 ml di olio evo • 65 ml di acqua • 20 g di sale

Per condire:
200 g di ragù • 100 g di grana • 1 l di latte • 30 g di burro • 30 g di farina 00 • 1 foglia di alloro • noce moscata • sale

PREPARAZIONE E COTTURA: 1 ora e 45 minuti

···› ATTENZIONE: per il ragù, scegliete sempre un pezzo di carne misto, per esempio la spalla o lo straculo: sono le parti più adatte.

Preparate la sfoglia: disponete la farina e la semola a fontana, aggiungete tutte le uova, il sale, l'acqua e l'olio. Impastate raccogliendo un po' di farina intorno alle uova e creando una massa omogenea. Lavoratela per almeno 5-10 minuti fino a che non risulterà liscia e compatta (se avete un impastatore potete utilizzarlo e in 3 minuti avrete fatto tutto). Coprite la pasta con una pellicola, per evitare che si asciughi, e lasciatela riposare così per 30 minuti.
Preparate la besciamella: portate a bollore il latte con l'alloro e un po' di noce moscata grattugiata. A parte, in un'altra pentola, fate fondere il burro e unite quindi la farina: è importante farla tostare senza che si abbrustolisca. Aggiungete il latte e cuocete per 5 minuti a fuoco basso, facendolo addensare e stando attenti a non fare attaccare la besciamella.
A questo punto tirate la pasta, se siete capaci usate il matterello altrimenti la sfogliatrice. Per quanto riguarda lo spessore, esistono due scuole di pensiero: una che predilige una foglia sottilissima, quasi un velo, che si sciolga in bocca; un'altra, al contrario, che la vorrebbe un po' più spessa che si senta sotto i denti. È tutta una questione di gusti, decidete voi. Una volta che l'avete tirata, tagliate dei rettangoli in funzione della teglia che infornerete: dovranno essere della stessa misura del suo lato corto. Quindi scottatela in acqua bollente salata e procedete con la composizione delle lasagne: sul fondo della teglia stendete un

SCUOLA *di* CUCINA

LEZIONE N° 31
* *Il ragù alla bolognese* *

Tritate 500 g di carne di maiale (se non l'avete già fatto fare dal vostro macellaio) e dividetela in tre parti. Rosolare la prima in una padella antiaderente a fuoco forte con un filo d'olio extravergine d'oliva e 1 spicchio d'aglio, sfumatela con mezzo bicchiere di vino rosso, quindi scolatela in un colapasta appoggiato su una ciotola ampia, in modo da raccogliere i succhi che serviranno dopo. Ripetete l'operazione separatamente anche per le altre due parti di carne. Tritate un gambo di sedano, una carota e una cipolla, rosolateli con 100 g di burro, poi aggiungete gli odori e tutta la carne, cuocete per qualche minuto, salate e pepate. Unite 500 g di pomodori pelati (o di passata pronta, l'importante è che sia di qualità) e i succhi precedentemente raccolti, lasciate cuocere a fuoco lento per circa un'ora.

po' di besciamella, un cucchiaio di *ragù* (lezione n° 31) e uno di grana grattugiato. Sopra disponete uno strato di pasta (state attenti a non sovrapporre i lembi dei rettangoli) e procedete così fino a esaurimento degli ingredienti terminando con besciamella e ragù. Mettete in forno a 180 °C per circa 45 minuti e una volta pronta lasciatela riposare per qualche minuto prima di servire.
Se volete provare una variante un po' più da ristorante, potete creare delle monoporzioni: tagliate la sfoglia in triangoli leggermente allungati e scottateli in acqua bollente. Ritagliate dei quadrati di carta forno e appoggiateli sulla placca: in ogni quadrato mettete la pasta intercalandola con ragù, besciamella, grana e finendo con il ragù. Passate tutto in forno per 5 minuti a 200 °C. Per servire: fate scivolare con delicatezza ogni porzione di lasagna dalla carta forno direttamente nei piatti.

IL TOCCO DELLO CHEF

Potete preparare le stesse lasagne anche con un ragù bianco a base di cacciagione (per esempio fagiano, pernice, anatra), terminando sulla superficie con una grattata di tartufo o, meglio ancora, con una piccola salsina di fegatini dei vari volatili. Infine, potete sostituire la besciamella con una riduzione di panna: prendete 500 ml di panna, mettetela in un pentolino a fuoco medio e fatela ridurre di quasi la metà, in modo che diventi più spessa. Aggiungete comunque gli odori, ma in questo modo avrete una crema senza usare la farina.

TAGLIOLINI AL TARTUFO BIANCO

Ecco il classico "tajarin", come lo chiamano nella zona di Alba in Piemonte, preparato con un impasto tradizionale, ricco di uova (ne occorrono 36 per ogni chilo di farina) ma bello. Forse è un piatto un po' anacronistico, ma pensate quant'è bello andare a mangiare questi tagliolini con il tartufo: la pasta viene cotta semplicemente in acqua e sale, poi saltata con il burro (perché in effetti è un po' magra come pasta!) e un filo di acqua e infine ricoperta di tartufo bianco. Se uno deve morire mangiando, un bel piatto di "tajarin" al tartufo, grassi e ricchi, penso che sia il massimo!

INGREDIENTI per 10 persone

Per i tagliolini:
1 kg di farina forte • 36 tuorli d'uovo • 1 cucchiaio di olio evo • 10 g di sale

Per condire:
250 g di burro • tartufo bianco • sale

PREPARAZIONE E COTTURA: 40 minuti

···› **ATTENZIONE:** il tartufo bianco non va mai lavato né cotto: si pulisce con uno spazzolino da unghie leggermente inumidito e lo sporco che non viene via si toglie con l'aiuto di uno spelucchino. In qualsiasi preparazione si aggiunge solo alla fine.

Impastate gli ingredienti per i tagliolini, fino a ottenere una *pasta* (lezione n° 32) bella omogenea e liscia. Fatela riposare per circa 10 minuti, quindi tiratela con il mattarello o con la sfogliatrice a circa 0,5 mm di spessore (ma questa è questione di gusti: a me piace così). Fate asciugare poi montate la trafila da tagliolino sulla sfogliatrice, fateci passare la sfoglia e create

SCUOLA *di* CUCINA

LEZIONE N° 32
La pasta fresca all'uovo

Per la classica pasta fresca all'uovo vi servono 1 kg di farina forte, 350 g di semola, 150 ml di acqua, 135 ml di olio evo, 13 tuorli, 6 uova intere e 15 g di sale. Mettete la farina con la semola a fontana su un piano di lavoro, aggiungete i tuorli e le uova intere con l'acqua (in cui avrete prima sciolto il sale) e alla fine l'olio e impastate tutti gli ingredienti per almeno 10 minuti, fino a ottenere una pasta molto liscia: vedrete che ci sarà bisogno di lavorarla un bel po'. Lasciatela riposare per almeno 2 o 3 ore in frigorifero coperta, poi create due o più panetti e, utilizzandone uno alla volta, "tirate la sfoglia", cioè stendete l'impasto sottilissimo a mano o con la macchinetta. Per tagliare la sfoglia a mano, la ripiegate su se stessa a fisarmonica e procedete al taglio che desiderate con un bel coltello affilato. Per cuocerla, ricordatevi che quando è freschissima, e quindi ancora morbida, assorbe un sacco di acqua e potrebbe appiccicarsi, se invece la fate seccare (ci vogliono circa 2-3 ore) terrà bene la cottura e assorbirà i sapori nel modo giusto.

dei nidi del peso di circa 100 g, ovvero una porzione. Portate a bollore una pentola di acqua salata, quindi cuocete la pasta per 4-5 minuti e scolate. Nel frattempo sciogliete il burro in una padella di alluminio molto capiente e, quando comincia a diventare leggermente color nocciola, toglietelo dal fuoco. Versateci la pasta, aggiungete un po' di acqua di cottura e fate asciugare bene, facendola saltare: otterrete un sughetto legato molto buono. Servite grattugiando sopra i tajarin abbondante tartufo bianco. Per persona di solito se ne usano dai 5 ai 10 g: vien voglia di metterne di più, ma in verità è inutile perché non è che cambi molto il sapore.

IL TOCCO DELLO CHEF

Volete fare una cosa super figa? Fate sciogliere in un pentolino della fontina e aggiungete uno o 2 tuorli. In questo modo avrete una fonduta che potete stendere sul fondo del piatto di ogni commensale, prima di disporvi sopra la pasta con il tartufo: un piatto unico importante, da gustare con un bel Barolo.

BOLLITO MISTO

Il bollito sembra una ricetta semplice, in cui "si fa bollire la carne e poi si serve", ma in realtà è un piatto molto complesso, tanto che esiste addirittura una confraternita del bollito. Ne esistono molte versioni diverse, per esempio in quello misto alla milanese si mescola il manzo al vitello, mentre in quello alla bolognese (che si fa soprattutto nel periodo natalizio) si usa anche il famoso zampone o il tricorno. La ricetta che vi insegno io è il gran bollito misto tradizionale: è costituito da sette tagli di carne, sette ammennicoli (cioè la lingua, il cotechino, la rollata...) e infine sette salsine o "bagnetti" (si chiamano così in piemontese). La preparazione è elaborata ma vi consiglio di procedere a step, cuocendo i pezzi il giorno prima, oppure la mattina per la cena. È meglio, invece, non cucinarlo la mattina per il pranzo del giorno stesso, perché in questo modo la carne non riesce a riposare bene e il risultato non è perfetto. Vi do qui le dosi per una bella tavolata: dovete essere almeno in otto e mangiare solo questo!

INGREDIENTI per 12 persone

Tagli di carne di manzo:
tenerone (dal collo o dalla coppa) • scaramella (dalla pancia o costato) • muscolo di coscia • muscoletto (lo stinco) • spalla • fiocco di punta • cappello del prete o sottopaletta

Ammennicoli (secondo le denominazioni più comuni):
linguino di vitello (o lingua di manzo, che però va messa prima a marinare se no non si conserva) • testina (con o senza musetto) • coda • zampino • gallina • cotechino • rollata (detta anche tasca ripiena)

Bagnetti o salse:
salsa verde • salsa ricca • salsa rossa • salsa al miele • salsa tradizionale • cugnà • mostarda • salsa pearà • salsa pevarada

Per il brodo:
2 cipolle • 2 gambi di sedano • 2 carote • rosmarino • alloro • sale e pepe

PREPARAZIONE E COTTURA: 3 ore

···› **ATTENZIONE:** per avere un brodo più limpido e più buono vi insegno questo trucco: tagliate a metà la cipolla per il largo, quindi appoggiatela dalla parte tagliata in padella e fatela bruciare, poi infilzateci 2 chiodi di garofano e solo a questo punto mettetela nell'acqua.

Per prima cosa preparate il brodo: in una pentola molto capiente con abbondante acqua fredda mettete una manciata di sale, una cipolla, un gambo di sedano, una carota, rosmarino, alloro e pepe. Fate bollire per almeno 30 minuti, poi abbassate un po' il fuoco e aggiungete uno alla volta i tagli di carne. Mantenete la cottura su fuoco medio, in modo che l'acqua bolla ma non troppo forte, per almeno 2 ore e mezza. Per capire quando la carne è pronta, infilzatela con uno stecco di legno: dovete sentire che è morbida, che si lascia penetrare molto bene, senza opporre resistenza (facendo però attenzione che non stracuocia, altrimenti si disfa).
A parte, in un'altra pentola piena di acqua fredda leggermente salata, mettete una cipolla, un gambo di sedano, una carota, rosmarino, alloro e pepe. Anche in questo caso, aspettate che l'acqua bolla e quindi cuocete gli ammennicoli per 2 ore e mezza: ricordatevi, però, che il loro brodo non è buono quindi buttatelo via. Altrimenti potete fare come me: cuocete separatamente anche la gallina, così potete conservarne il brodo (ma non è obbligatorio).
Per condire il bollito, preparate almeno un paio di *salse* (lezione n°33). Una buona idea è anche quella di servire una tazza di brodo caldo per finire, dopo la carne e i contorni.
Questo è il gran bollito misto tradizionale, ma in casa non si può pensare di fare sette tipi di carne, sette frattaglie e sette salse, a meno che non prepariate solo quel piatto. In ogni caso mangiare così tanta carne non è il massimo: il mio consiglio è di cuocere soltanto due o tre pezzi (che possono essere uno misto – il tenerone o il fiocco o il cappello del prete –, poi la testina o il cotechino - che hanno una consistenza diversa - e infine la gallina o, se potete spendere un po' di più, il cappone).

SCUOLA di CUCINA

LEZIONE N° 33
* *Salse per bollito* *

Salsa verde: dovete usare 50 g di prezzemolo, un'acciuga (io l'aglio lo eviterei perché poi torna su, ma se volete metterne uno spicchio, ricordatevi di eliminare l'anima), un cucchiaino di aceto e 3 o 4 cucchiai di olio. Io uso di solito anche un po' d'acqua e non aggiungo mai patate o altro per addensare, ma c'è chi usa mettere anche la mollica di un panino passata al setaccio, che farà raffreddare la salsa. Tritate il tutto e vi verrà una salsa verde leggerissima.

Salsa ricca: è una variante della salsa verde, a cui si aggiungono 10 g di capperi e 20 g di olive denocciolate (per esempio le taggiasche vanno molto bene).

Salsa rossa: è una specie di ketchup all'italiana, una salsa di pomodoro molto densa, leggermente dolce, salata e un po' piccante allo stesso tempo. Si fa con 500 g di pomodori, mezza cipolla (circa 50 g), un cucchiaio di zucchero, un cucchiaino da caffè di tabasco (o un pezzettino di peperoncino piccolo), sale e un goccio d'olio. In un tegame, fate sudare l'olio con la cipolla, aggiungete tutti gli ingredienti e cuocete per almeno 40-50 minuti, finché il tutto non si disfa. Quindi passate al mixer per ottenere una crema, filtratela se ci sono dei pezzettini e rimettetela sul fuoco. Fatela ridurre in modo che diventi della stessa consistenza del ketchup e aggiustate di sale.

Salsa al miele: è un po' diversa e si prepara con 50 g di gherigli di noci, 35 g di miele, 2 cucchiai di brodo, un cucchiaio di senape in grani e un cucchiaino di aceto di vino bianco. Mettete tutto in un bicchiere alto e frullate con il frullatore a immersione: rimarranno dei pezzettini, ma è giusto così. È una salsa molto particolare, dal gusto non convenzionale e un po' agrodolce, e per questo a me piace moltissimo.

Salsa tradizionale: è quella al rafano che si fa grattugiando mezza radice di crèn (riparatevi gli occhi altrimenti vi lacrimeranno per un'ora) e unendo poi un cucchiaio di aceto di vino bianco e 2 o 3 cucchiai d'olio. Mescolate bene e servite.

Cugnà: è una salsa originariamente fatta con il mosto d'uva. Per prepararla vi servono 200 g di Dolcetto, 50 g di nocciole, 50 g di gherigli di noci, 50 g di mele cotogne, 100 g di pere Martin sec (tipiche della Val d'Aosta e del Piemonte), 30 g di burro, sale e la scorza di mezzo limone. Prendete il burro, scioglietelo in una padella, poi aggiungete la frutta secca a pezzettoni, le mele e le pere tagliate a cubi irregolari (a me piacciono con la buccia). Rosolate il tutto e poi cuocete per 5-6 minuti, aggiustate di sale e sfumate con il vino rosso. Fate ridurre e, se la quantità non vi basta, aggiungete un po' di acqua. A fine cottura grattugiateci dentro la scorza del limone e mescolate bene, facendo restringere ancora, in modo da ottenere la consistenza di una marmellata. Servite la salsa fredda.

Mostarda: di frutta o di verdura, in pianura padana si usa molto.

Salsa pearà: è fatta con il midollo di bue e si serve dalle mie parti, anche se è più caratteristica della zona di Verona. Fate fondere in un tegamino 3 midolli interi (circa 100 g) e 50 g di burro, poi unite 100 g di pane grattugiato e, quando il grasso è stato tutto assorbito, aggiungete un po' di brodo di carne per ammorbidirla e regolate di sale e pepe. È una vera leccornia, ma la digerirete dopo un mese...

Salsa pevarada: è da mitici! Si prepara con 50 g di fegatini di pollo, 50 g di soppressa o salame (quello alto che si usa in Veneto), un'acciuga, 2 cucchiai di olio, 10 g di prezzemolo, la scorza di mezzo limone, un cucchiaio di aceto, uno spicchio d'aglio senz'anima, sale e pepe. Tritate l'acciuga con i fegatini, la soppressa, il prezzemolo, la scorza di limone e, se lo volete, anche l'aglio, poi aggiungete l'olio, sfumate con l'aceto e fate soffriggere per 10 minuti, quindi aggiustate di sale e pepe e servite.

TUORLO D'UOVO CROCCANTE

Le uova sono uno degli ingredienti meno costosi, quindi alla portata di tutti, e sono anche molto nutrienti. Spesso in cucina vengono maltrattate perché considerate un alimento di ripiego, mentre invece hanno un grande valore, non solo gastronomico, ma proprio intrinseco. L'uovo, insomma, è un po' tutto ciò che noi siamo. Lavorare un uovo significa partire da zero e man mano avvicinarsi alla cucina. È un ingrediente molto versatile e ricco: si può cucinare sodo o ***al tegamino*** *(lezione n° 34), può essere usato per la maionese o per mantecare, può trasformarsi in una salsa inglese o in una crema pasticcera. L'importante è capire come trattarlo e per farlo bisogna sbagliare, e per sbagliare bisogna provare cose diverse. Cominciando magari da una preparazione semplice: il tuorlo d'uovo fritto.*

INGREDIENTI per 4 persone
4 uova (siccome non siete dei fenomeni, prevedete di usarne almeno 6-7, tanto costano poco) • 240 g di pane grattugiato (meglio se ve lo fate voi, altrimenti acquistatelo già pronto) • olio di semi di girasole • sale

PREPARAZIONE E COTTURA: 2-3 ore

···› **ATTENZIONE:** per la panatura del tuorlo non usate il pane in cassetta perché altrimenti non si attacca, anzi è probabile che vi si stacchi dal tuorlo.

Rompete le uova in una bacinella tipo bastardella, meglio se di acciaio, facendo scivolare l'uovo intero nel contenitore e stando attenti a non rompere i tuorli. Poi, con le dita, prelevate solo i tuorli, cercando di staccare via tutto l'albume. Sul fondo di uno stampino di alluminio (o uno stampino in silicone oppure in un bicchierino di plastica) fate uno strato di pane grattugiato, appoggiateci sopra piano piano il tuorlo e ricoprite con altro pane. Lasciate l'uovo così coperto nello stampino per almeno 3-4 ore, oppure fatelo riposare in frigorifero per 4 ore-4 ore e mezza (se non avete tempo, potete anche impanare il tuorlo e friggerlo subito, ma considerate che è molto più fragile). Quindi prelevate delicatamente con le mani il tuorlo impanato, adagiatelo su una schiumarola e tuffatelo in abbondante olio caldo, a più o meno 155 °C, per circa un minuto: se ne mettete uno alla volta baste-

SCUOLA *di* CUCINA

LEZIONE N° 34

*** L'uovo al tegamino ***

Un piatto ottimo, sottovalutato, è l'uovo al tegamino. Per farlo a regola d'arte ecco cosa dovete fare: prendete una padella piccola, della misura giusta per un uovo, la mettete sul fuoco, la fate scaldare bene e ci sciogliete una noce di burro. Ricordate di aggiungere sempre il sale sul fondo della pentola e mai sopra l'uovo: è sbagliatissimo e poi si vede. A questo punto, fuori dal fuoco, versate l'uovo sgusciato e rimettete sulla fiamma per un minuto, in modo che l'uovo si cuocia, ma rimanga morbido. Infine lo fate scivolare sul piatto.

Per una colazione all'americana, al posto del burro potete mettere una fetta di pancetta e condire con un pizzico di pepe e basta. Altrimenti potete grattugiare sull'uovo un po' di tartufo bianco. Se invece avete il tartufo nero, tagliatelo a pezzettini, unitelo al burro, poi toglietelo prima di versare l'uovo e aggiungetelo di nuovo alla fine, sopra il bianco dell'uovo già nel piatto.

ranno 40 secondi, se ne mettete di più ci vorrà un minuto abbondante. Tenete l'uovo nella schiumarola mentre frigge e, quando è pronto (si capisce perché fa una crosticina uniforme intorno), toglietelo dall'olio e adagiatelo con delicatezza su carta assorbente da cucina, salate. Se volete, potete far asciugare il tuorlo nel pane anche il giorno prima e poi friggerlo al momento, tenendo presente che se è freddo ci metterà qualche secondo in più. Vi suggerisco di impanare sempre un paio di tuorli in più, perché potrebbero rompersi in cottura o maneggiandoli.

IL TOCCO DELLO CHEF

Quando si cucina è importante cercare sempre di non buttare via niente, di non fare troppi scarti. Ecco alcune idee per utilizzare l'albume che avanza, invece di gettarlo.
Potete preparare una crema bianca: fate bollire l'albume, tipo uovo sodo, in un sacchetto sottovuoto (oppure l'uovo intero e poi usate il tuorlo per qualcos'altro) e frullatelo. Otterrete una specie di crema bianca molto ferrosa, ma simpatica, a cui aggiungere, per colorarla, un pizzico di peperoncino e della polpa di pomodoro o spinaci frullati. La potete usare come guarnizione del piatto.
Altrimenti potete anche fare delle omelette bianche di solo albume, che erano uno dei miei vanti quando ero giovane. Prendete un padellino antiaderente o di ferro, metteteci un po' di burro e versateci l'albume, leggermente sbattuto con un po' di sale (la panna aiuta la coagulazione: più se ne mette più è facile, ma in realtà, per fare queste omelette a regola d'arte, non andrebbe aggiunta per niente). Fate rapprendere velocemente con una forchetta, togliete dal fuoco e raggruppate tutto insieme, cercando di dare all'albume la forma di una mezzaluna, poi battete con il palmo della mano per saldarlo e guarnitelo sopra o all'interno. Mi piace tantissimo con spinaci e pecorino, oppure con zucchine e basilico: le verdure, secondo me, sono il ripieno migliore, quello che rende di più.

Carlo Cracco

PASTA E FAGIOLI

Di solito si fa con i fagioli borlotti secchi, ma per prepararne una buona si usano anche i fagioli di Lamon, di montagna, che hanno un sapore unico, un po' come le patate. In alternativa potete cambiare completamente e cucinare una pasta e fagioli bianca, con i fagioli cannellini. I più tradizionalisti dicono che la vera pasta e fagioli è talmente densa che se si infila il cucchiaio, quello resta in piedi. Certo, così è buona, ma se ne mangiano due cucchiai e si è già a posto. La cosa migliore è una via di mezzo: non così densa, ma neppure troppo liquida.
Ha comunque un sapore forte e per questo è difficile che piaccia ai bambini. È un piatto che va capito, che si impara a conoscere col tempo, crescendo. La mia mamma lo faceva quasi ogni quindici giorni, per sostituire la carne, e ci aggiungeva dei pezzi di prosciutto, c la pancetta, che costava meno, o il lardo. Quello che mi colpiva sempre era la preparazione: durava delle ore e vedevo mia madre metterci dentro un sacco di cose.

INGREDIENTI per 6-8 persone

600 g di fagioli borlotti freschi (o 400 g di fagioli borlotti secchi) • 200 g di ditalini • 40 g di sedano • 40 g di carote • 40 g di cipolla • 2 patate • 1 foglia di alloro • 4 l d'acqua • 1 cucchiaio di olio evo • sale grosso e pepe

PREPARAZIONE E COTTURA: 60 minuti + l'ammollo dei fagioli (se li usate secchi)

···› ATTENZIONE: nella ricetta tradizionale si prepara un soffritto con olio, burro, rosmarino, salvia, aglio, peperoncino e pepe e si cucina senza esagerare nella cottura. Poi si filtra il tutto e si ottiene un olio profumato, ricco di odori e sapori, che si usa per condire: avrete una pasta e fagioli che digerite dopo una settimana, però fantastica da mangiare.

…› ATTENZIONE: la pasta e fagioli andrebbe sempre fatta il giorno prima e poi lasciata riposare anche con la pasta dentro, che deve essere ben cotta, mai al dente.

Se usate i fagioli secchi metteteli il giorno prima a bagno in abbondante acqua.
Tagliate le verdure a tocchetti in una pentola, aggiungete i fagioli, coprite d'acqua, unite l'alloro e il sale e fate cuocere per circa un'ora e mezza. A cottura ultimata mettete da parte qualche mestolo di fagioli (serviranno per la guarnizione) e frullate tutto il resto. Secondo me, più fate la minestra fine e più è buona, ma se invece vi piace più grezza, frullate meno. Rimettete dentro i fagioli interi, cuocete la pasta a parte tenendola al dente, poi

SCUOLA *di* CUCINA

LEZIONE N° 35
** Il fagiolo giallo di Feltre **

Se volete fare una pasta e fagioli con un colore e, soprattutto, un sapore diversi potete usare questa piccola varietà di fagioli che viene dalle zone del feltrino e dalle valli bellunesi. È un fagiolo davvero speciale: di colore giallo, più piccolo dei Borlotti e di forma leggermente ovale. Ha una pelle così sottile da essere quasi impercettibile in bocca. Lo mettete a bagno in acqua la sera prima e poi lo cuocete con lo stesso procedimento della pasta e fagioli classica, otterrete una consistenza molto più setosa e ricca di sapore. Ha una polpa densa e saporita per cui fate attenzione ad aggiungere acqua piuttosto che toglierla. Ovviamente, occhio al sale perché la pasta e fagioli deve essere dolce.

unitela ai fagioli dove finirà la cottura e condite con sale, pepe e olio crudo. Se volete potete aggiungere prosciutto crudo, pancetta o altro: arricchiscono il sapore.

IL TOCCO DELLO CHEF

Una cosa che faccio a casa, velocemente, è usare i fagioli Risina, che sono dell'Umbria e piccolissimi: si mettono a bagno e cuociono in 25-30 minuti. Preparate un fondo di cipolla, aglio e un po' di profumi, unite i fagioli, coprite d'acqua e cuocete. Tenete un po' di fagioli da parte (se ne avete presi 300 g, ne mettete via 100 g), frullate il resto e otterrete una crema bellissima. Poi aggiungete i fagioli interi e servite con un filo d'olio o altro: dei pezzettini di foie gras o di pesce, oppure delle cozze.
Avrete fatto una crema di fagioli, non una pasta e fagioli. Se ci mettete la pasta lo diventa, ma comunque molto più leggera e più fine, perché cucinata con questi fagioli piccolini. Una pasta e fagioli da fighetti, molto particolare.

CORZETTI AL SUGO DI NOCI

Un po' tutte le regioni italiane hanno la loro metodologia per fare la pasta. Ci sono i bigoli in Veneto, che sono asciuttissimi e vanno pressati dentro al torchio, rimangono belli al dente perché non hanno uova e però per prepararli ci vogliono due braccia da tagliatori di legna! Ci sono le trofie in Liguria, forse più popolari dei corzetti. Oppure gli strozzapreti in Romagna, gli spaetzle in Alto Adige e le orecchiette in Puglia. Davvero tantissimi tipi diversi di pasta.
Anche i corzetti sono una pasta senza uova, tipica della Liguria. Mi hanno raccontato che la loro particolarità sta nel fatto che venivano

personalizzati a seconda della famiglia, con lo stemma del casato, o della città ecc. Lo strumento per farli è molto simpatico e senza proprio non si possono preparare, perché è con questa specie di timbro che si imprime il marchio caratteristico dei corzetti. La pasta in realtà è molto difficile da lavorare, perché va tirata sottilissima, ed è anche difficile da condire perché, non avendo uova, i corzetti fanno più fatica ad assorbire il sugo e tendono anche ad attaccarsi tra loro: in Liguria si servono con il pesto di noci, un condimento a base di olio.

INGREDIENTI per 4 persone

400 g di corzetti • 300 g di gherigli di noci freschi • 200 g circa di olio evo ligure • 60 g di grana (o 30 g di pecorino) • 1 spicchio d'aglio • 1 rametto di maggiorana • 1 cucchiaio raso di sale grosso

PREPARAZIONE E COTTURA: 60 minuti

····› **ATTENZIONE:** quando preparate le salse a crudo, come i diversi tipi di pesto, il rischio è che si separino, che si straccino. Bisogna quindi sempre fare attenzione all'olio che mettete, che non deve essere troppo, ma neppure troppo poco.

Preparate il pesto di noci seguendo questo procedimento: mettete in un mixer l'olio ligure, che è molto delicato, lo spicchio d'aglio pelato senza l'anima e i gherigli di noci con la loro pellicina (per esaltare al massimo il sapore delle noci, fatele leggermente tostare in forno a 180° C per 6-7 minuti, proprio appena appena), sale grosso e maggiorana fresca (solo la foglia, senza gambetto) e date due o tre colpi di frullatore. Aggiungete il formaggio grattugiato e frullate ancora: si formerà una salsa che sembra una marmellata (ha una bella consistenza) in cui la noce rimane un po' sotto i denti e si sentono bene la maggiorana, il sale e la noce, mentre l'aglio appena appena. Cuocete i ***corzetti*** (lezione n°36) normalmente in acqua salata e conditeli con questo sughetto, senza cuocerlo.

SCUOLA *di* CUCINA

LEZIONE N° 36
* *I corzetti* *

Mettete 500 g di farina 00 a fontana (e se volete, per facilitare l'impasto potete aggiungere un uovo), un pizzico di sale, un cucchiaio di olio extravergine d'oliva e un cucchiaio di vino bianco. Cominciate a mescolare piano piano con la mano, formando dei cerchi concentrici, poi procedete impastando bene con il palmo per circa 5-6 minuti. Fate riposare la pasta avvolta nella pellicola in frigorifero. Se è possibile, preparatela il giorno prima: avendo riposato a lungo, si riuscirà a tirare molto più sottilmente e l'impasto verrà liscissimo, chiaro e profumato.
Tirate la sfoglia molto sottile con la sfogliatrice o con il matterello. Al ristorante, per aiutarci, mettiamo la pasta sottovuoto per un giorno, "a farsi": si stringe, si pressa e si uniscono bene tutti gli ingredienti. Ricavate i dischetti con un coppapasta e, a questo punto, utilizzate lo stampo per i corzetti, che è composto da due pezzi, un "maschio" (un cilindro di legno di 4-5 cm) e una "femmina" (un timbro complementare al cilindro, dello stesso diametro): appoggiate la pasta sul maschio e premete con la femmina, o viceversa. Disponete i corzetti su un vassoio, spolverizzateli con un po' di semola e fateli riposare in frigorifero fino al momento della cottura.

TARTELLETTE VEGETARIANE

Considero queste tartellette un cibo da picnic, veloci da preparare e ottime da mangiare in fretta, quando non si ha tempo per un pasto "vero". Ma anche in questo caso è giusto farle bene: possono dare davvero soddisfazione, anche ai bambini.

INGREDIENTI per 12 persone

1 kg di pasta brisée • verdure a piacere • 500 ml di latte • 500 ml di panna fresca • 450 g di uova • noce moscata • 10 g di sale • pepe

PREPARAZIONE E COTTURA: 60 minuti

···› **ATTENZIONE:** potete usare gli stampini piccoli o la teglia grande, ma ricordate che più è grande, più è difficile sformare la vostra torta, quindi usate o uno stampo a cerniera o una teglia non troppo grossa, in modo da poterla gestire bene.

Rivestite con la ***pasta brisée*** (lezione n°37) degli stampini monoporzione o una teglia; fate riposare la pasta stesa in frigo per 20 minuti. Poi coprite il guscio di pasta con un foglio di carta da forno, riempitelo con fagioli secchi, in modo che non si sollevi in cottura e mantenga la forma, e cuocete in forno a 180-200 °C per 5-6 minuti.

Ecco qualche alternativa per il ripieno. Potete usare le erbette di campo (oppure bietole o coste, se preferite un sapore più dolce): pulitele bene, fatele sbianchire in acqua salata bollente, poi lasciatele raffreddare e cuocetele per 20-30 minuti. Alle erbette abbinate magari del pecorino stagionato. Molto bella è anche l'idea di usare la cipolla di Tropea, fatta cuocere e poi condita con pinoli e Parmigiano. Oppure a me piace moltissimo la farcitura con i funghi (sia i finferli, che non costano troppo, sia i porcini,

che sono il massimo, ma anche gli champignon), tagliati a fettine e fatti sudare con aglio, sale e pepe.
Disponete sul fondo della pasta brisée le verdure saltate che preferite, mescolate in una ciotola latte, panna, uova, sale, pepe e noce moscata, poi versate nei gusci di pasta questo composto liquido colato a filo, e cuocete in forno a 200 °C per 10-12 minuti circa.

SCUOLA *di* CUCINA

LEZIONE N° 37
La pasta brisée

Disponete 750 g di farina 00 a fontana, unite 18 g di sale, 375 g di burro, 95 g di tuorli, 95 ml di latte e impastate tutto senza lavorare troppo a lungo, altrimenti il burro, scaldandosi, si scioglie compromettendo la buona riuscita della preparazione. Mantenendolo alla giusta temperatura, invece, otterrete una pasta mille volte migliore. Quindi formate un bel panetto e mettetelo in frigo, coperto con la pellicola, per almeno un'ora. Dopodiché stendete la pasta in una sfoglia abbastanza sottile, spessa circa 0,5 cm: se la fate più alta andrà cotta più a lungo; se la fate più sottile rischia di rompersi quando la tagliate. Così è già pronta per essere usata.
In alternativa alla cottura in bianco (cioè senza farcitura), potete preparare la torta completa e cuocere tutto insieme. È una cottura meno perfetta, ma comunque buona.

MOZZARELLA IN CARROZZA CON PASTA FILLO

La mozzarella in carrozza è un piatto che è stato banalizzato e abusato, realizzato troppo spesso con paste filanti o mozzarella di bassa qualità. La ricetta tradizionale dice di prendere la mozzarella, tagliarla, passarla nell'uovo e nel pane grattugiato, poi friggerla. Mi ricorda molto la scuola alberghiera: la mozzarella usata non era buona, la frittura meritava un voto tra il cinque e il sei e il risultato, insomma, era pessimo. Quindi ne avevo un ricordo tremendo e non ho più avuto occasione di rivalutarla, fino al momento in cui al ristorante ne abbiamo provate un po' di versioni alternative.
Una molto interessante prevede di mettere la mozzarella a fette non troppo alte, circa 0,5 cm, tra due fette di pancarré senza bordo, quindi di passarla nell'uovo e poi nel pane grattugiato e infine friggerla. Non è male. L'abbiamo fatta anche senza usare l'uovo: il tutto rimane un po' più bianco, bello. Nell'impanatura il problema è infatti sempre l'uovo fritto, perché è difficile farlo venire croccante e, più ce n'è, più rimane morbido. In questa ricetta ho provato a fare una cosa un po' diversa, ho utilizzato la pasta fillo: il risultato dà grande soddisfazione.

INGREDIENTI per 4 persone

400 g di Mozzarella di bufala • 3 fogli di pasta fillo • 1 tuorlo • sale Maldon • olio d'oliva e burro (se friggete)

PREPARAZIONE E COTTURA: 10 minuti

...› ATTENZIONE: state attenti alla chiusura della pasta fillo: deve essere perfetta. In questo modo otterrete un risultato bellissimo ed eviterete che la mozzarella, col caldo, butti fuori l'acqua.

Tagliate la ***mozzarella*** (lezione n°38) a fette. Prendete un foglio di pasta fillo, stendetelo e, con il coppapasta, ricavate dei dischi di diametro doppio rispetto alla fetta di mozzarella, spennellate la pasta con un po' di uovo leggero leggero e appoggiate sopra la mozzarella. Prendete un altro disco di pasta, spennellate anche questo con l'uovo e adagiatelo sopra alla mozzarella. Chiudete e sigillate bene. Procedete così sino a esaurimento degli ingredienti e fate riposare in frigorifero per almeno 2 ore. Potete anche surgelarli, disponendoli ben separati su dei vassoi, e riporli in freezer negli appositi sacchetti indicando la data di congelamento. Quando volete, li tirate fuori e li cuocete direttamente.
Per la cottura, potete passare la mozzarella in carrozza nel forno caldo a 220 °C per 5-7 minuti, oppure metterla in una padella antiaderente piccolina (tipo quelle che si usano per i blinis, un particolare pane leggermente lievitato di origine russa, fatto con la birra, ottimo per accompagnare il caviale) con olio e burro (ma senza esagerare) e friggere. Quando la pasta prende colore, girate la mozzarella in carrozza, fate cuocere anche l'altro lato, quindi levatela dalla padella, appoggiatela su carta assorbente da cucina aggiustate di sale e servitela calda. Tagliandola vedrete che la mozzarella sarà rimasta morbida, calda e filante, mentre tutto intorno ci sarà questa pasta sottilissima e bella croccante.

IL TOCCO DELLO CHEF

Potete personalizzare la vostra mozzarella in carrozza in molti modi, ricordandovi comunque che andrebbe sempre servita con all'interno un pezzettino d'acciuga, invece del sale, perché la mozzarella è un po' dolce. Premesso che l'acciuga è sempre buonissima, a me piace anche quella essiccata: noi prendiamo delle acciughe, le puliamo bene, togliamo le lische, poi le mettiamo nell'essiccatore – lo stesso che usiamo per la frutta o la verdura – finché non sono completamen-

SCUOLA *di* CUCINA

LEZIONE N° 38

La Mozzarella di bufala

La mozzarella è ormai diventata simbolo del *Made in Italy*. Io sono stato nel salernitano, dove fanno la Mozzarella di bufala Dop. È fantastica: latte appena appena cagliato che si trasforma in una meraviglia. L'ho assaggiata appena fatta, quando è ancora tiepida ed è una cosa unica!
Non comprate mai le mozzarelle troppo piccole, perché possono essere solo di macchina. Comprate invece quelle più grandi: è più probabile che siano state fatte a mano, per esempio a Paestum. Se andate da quelle parti, dopo aver visto i templi, visitate uno di questi casari e assaggiate la bufala appena fatta.
In generale, comunque, è importante che la mozzarella sia di medie dimensioni: il rapporto tra i liquidi e la pasta è più equilibrato e vi dà davvero soddisfazione. Pensate che la vera mozzarella non andrebbe neppure tenuta in frigo, perché il raffreddamento la rovina.
Inoltre ricordate che non va mai lavorata troppo, perché è una pasta filante e se tentate di modificarla perde tutta l'acqua e diventa gommosa.

te secche. Quando l'acciuga si secca bene otterrete dei filettini che sono leggerissimi, ma hanno concentrato tutto il sale. In alternativa, potete aggiungere anche delle spezie, per esempio un po' di curcuma fresca grattugiata. Se invece la usate in polvere, passate prima la mozzarella nella curcuma e poi chiudetela nella pasta fillo: avrà un tocco più asiatico. Oppure ancora, arricchitela con un cucchiaino di pesto di noci al centro o steso su tutta la superficie della mozzarella.
Dopo aver preparato la mozzarella in carrozza cotta in forno, visto che non c'è il grasso e la pasta fillo secca, potete caramellarla in su-

perficie con un po' di zucchero a velo servendovi di un cannello. In questo caso, all'interno potete aggiungere del ragù alla bolognese, o un pezzo di fontina, di grana grattugiato o pecorino: accosterete al sapore dolce della mozzarella uno un po' più salato. Oppure potete mettere dentro un po' di tapenade, come ho imparato da Ducasse a Montecarlo, una purea che si prepara con olive nere, basilico, capperi e un goccio di aceto balsamico (questa, più o meno, è la ricetta originale, ma fatela pure senza aceto balsamico, che non è strettamente necessario): frullate nel mixer gli ingredienti, poi passate tutto al colino, fate una leggera pressione con un cucchiaio, in modo da eliminare l'olio in eccesso, e prelevate soprattutto le olive.

BARBAJADA

Questa è una ricetta molto milanese, una vecchia preparazione che risale all'Ottocento. La prima volta che ne ho sentito parlare è stato al mio ristorante, da una signora di una certa età, che mi ha detto: "Lei dovrebbe provare a servire la 'barbajada', perché se la fa lei, secondo me viene buonissima". Allora mi sono informato su questa antica ricetta, che è molto buona, molto bella e molto facile da preparare. Soprattutto, molto milanese. In realtà non è tanto una vera e propria ricetta, ma la declinazione meneghina di quello che era il "bicerin" a Torino, quindi un bicchiere di cioccolato con caffè e panna (esiste anche una versione senza caffè). La "barbajada" si poteva gustare nelle pasticcerie e nei caffè, quando erano anche pasticcerie: era abitudine servire questi bicchierini golosi a fianco del caffè o accanto al tè.
Il nome "barbajada" (o barbaiada) mi sembra derivi dal cognome della persona che l'ha lanciato a Milano, tale Domenico Barbaja. Aveva un caffè vicino alla Scala e cominciò a proporlo. Da

"Cracco" serviamo sempre la "barbajada" alla fine del menu tradizionale milanese.

INGREDIENTI per 6 persone

160 ml di glucosio • 140 ml di acqua • 2 fogli di colla di pesce (circa 10 g) • 60 ml di panna fresca • 60 g di cacao amaro in polvere

Per guarnire:
panna montata • caffè solubile

PREPARAZIONE E COTTURA: 12 minuti

····› **ATTENZIONE:** è molto importante non creare grumi quando aggiungete il cacao al composto. Per evitarlo può essere utile aiutarsi con un colino a maglie strette.

Fate reidratare la colla di pesce mettendo a mollo un foglio alla volta in un po' di acqua fredda per un minuto circa, cioè finché non diventa morbido, poi strizzateli con le mani e poneteli in una bacinella d'acciaio. Intanto, in un'altra bacinella versate la panna e il cacao. Fate bollire l'acqua e il glucosio, toglieteli dal fuoco e fateli raffreddare, uniteli alla miscela di panna e cacao e mescolate molto bene con la frusta, per evitare che si formino grumi. Infine aggiungete i fogli di gelatina e, se volete, filtrate la miscela, perché magari è rimasto qualche pezzettino o grumetto di cacao. Mettete a riposare in frigo in una ciotola di vetro coperta finché la crema non è completamente fredda (altrimenti potete anche colarla ancora tiepida nei bicchierini di vetro, prima di far raffreddare).
Servite la "barbajada" fredda in un bicchierino con sopra un po' di panna leggermente montata e spolverata con un pizzico di caffè solubile.

SCUOLA *di* CUCINA

LEZIONE N° 39
* *Il semifreddo classico* *

Il semifreddo è un'importantissima base della pasticceria ed è composto principalmente da tuorli e zucchero montati a schiuma e, in certi casi, anche da latte o sciroppo. Per preparare un semifreddo classico vi servono 180 g mascarpone (o ricotta fresca o yogurt), 180 ml di panna semimontata, 80 g di meringa italiana, 20 g di panna fresca e 6 g di colla di pesce.
Mettete i fogli di colla di pesce ad ammorbidire in acqua per un minuto poi toglieteli e strizzateli; intanto scaldate la panna e, quando inizia a bollire, toglietela dal fuoco e aggiungete la colla di pesce. Fate freddare, poi incorporate la meringa italiana, il mascarpone e infine la panna semimontata. Versate il composto in uno stampino o in formine, poi trasferite tutto in congelatore fino al momento di servire.
Per rendere più particolare il semifreddo, si può macinare un po' di caffè fresco (20 mg circa per un gusto intenso, altrimenti la metà) e cospargerlo sopra: dà un puntinato che sta molto bene sul semifreddo bianco. Poi potete accompagnarlo con una salsa di cioccolato, una salsa inglese o della frutta fresca: aggiungete per ultimo all'impasto 100 g di fragole tagliate a cubetti, mescolate e infilate nel congelatore. Oppure le fragole si possono frullare e questa salsa si può mettere sopra o a parte. O ancora, potete fare un'infusione con 100 g di fiori di sambuco messi a bollire con la panna, filtrare, quindi unire la colla di pesce e procedere secondo la ricetta. In questo caso il semifreddo apparirà uguale, ma il sapore sarà buonissimo. Inoltre, dopo averli filtrati, i fiori si possono essiccare in forno con un po' di zucchero e servire come guarnizione.

GRISSINI PIEMONTESI: TRE VARIANTI

I grissini sono una delle specialità italiane più apprezzate nel mondo, per quanto riguarda l'ambito della panetteria. Sono una specialità di Torino interpretata in mille modi. È proprio un modo unico e tradizionale di servire il pane, tanto che in Piemonte troverete in ogni paese un fornaio che fa il grissino a modo suo, con una ricetta caratteristica. A Milano, invece, manca la cultura del grissino, e manca anche una buona qualità di grissino. Ammettiamolo: siamo abbastanza scarsi. Io ho avuto diversi ristoranti in Piemonte e i grissini li ho conosciuti. Ho imparato a prepararli lì e poi ho trasferito altrove quello che avevo appreso.

INGREDIENTI per 12 persone

Grissini piemontesi (fatti da voi) • paprika • grana • sesamo nero • olio evo

PREPARAZIONE E COTTURA: 10 o 20 minuti

···› **ATTENZIONE:** quando preparate i grissini classici, lavorate sempre in un ambiente umido e mettete un po' di semola intorno al grissino per dargli un aspetto grezzo, diverso e più bello di quello industriale.

Per accompagnare un pasto servite i *grissini classici* (lezione n° 40), fatti a mano da voi: il massimo è servirli con una fetta di prosciutto cotto, di crudo, di coppa, di salame (anche se a me il salame piace più con il pane), perché il grissino è un po' il simbolo dello stuzzicare. Se invece avete voglia di provare qualcosa di diverso e fare un po' di scena, provate queste tre versioni.

A me piace tantissimo spennellare sopra ai grissini un po' di paprika sciolta in un pochino d'olio: la superficie diventerà arancione e il gusto risulterà leggermente piccantino o dolce, a seconda della paprika che usate.
Potete anche spolverare i grissini con un po' di grana prima di infornarli, così avranno un sapore più tostato, molto buono.
Oppure ricercate un bel contrasto con il sesamo nero: prima spennellate i grissini con un po' d'acqua e olio, cospargeteli con i semi di sesamo, poi mettete in forno. Così facendo avrete il doppio sapore del grano e del sesamo.

IL TOCCO DELLO CHEF

I grissini si possono usare anche per impanare, per esempio un arancino, una cotoletta alla milanese o la melanzana. Quando avete i grissini che avanzano – che è una cosa che succede abbastanza spesso – sbriciolateli con le mani oppure metteteli in una pentola grande e poi schiacciateli infilando dentro una pentola più piccola. Lasciateli appena appena grossi: i pezzettini rimangono un po' più croccanti e ve li troverete sotto i denti.

SCUOLA *di* CUCINA

LEZIONE N° 40
Il grissino piemontese

Quello che vi insegno io è il grissino classico all'olio d'oliva, liscio, senza nessun ingrediente aggiunto. Però è fantastico. La ricetta è abbastanza semplice, ma richiede un paio di passaggi e per realizzarla avrete bisogno di un tavolo di legno su cui fare il tutto. Una raccomandazione importante: se otterrete dei buoni grissini potrete andarne fieri, ma se il risultato non vi soddisfa, non perdeteci la testa. Ripiegate piuttosto su sostituti del pane come focacce e simili, che richiedono meno lavorazione e riescono sempre bene.

Gli ingredienti sono: 480 g di farina 00, 220 ml di acqua, 75 ml di olio evo, 15 g di lievito di birra, 12 g di malto (lo trovate in panetteria oppure potete sostituirlo con un cucchiaino di miele), 10 g di sale, 3 g di zucchero e semola qb.
Sciogliete il lievito con acqua e olio. Mettete farina, malto, zucchero e sale nell'impastatrice, aggiungete l'acqua con lievito e olio e fate andare a velocità media per 10 minuti (se non avete l'impastatrice dovete fare la stessa cosa a mano, ma ci vorrà molto più tempo): l'impasto deve venire bello liscio. Spolverizzate il piano di lavoro con un po' di semola in modo che la pasta non si attacchi, prelevate l'impasto dalla macchina e dividetelo in tre filoni uguali (con queste quantità vengono davvero tanti grissini). Per fare il filone potete utilizzare il mattarello, così farete prima, ma se ci riuscite con le mani è meglio, l'importante comunque è che sia lungo, non troppo largo e alto 15 cm non di più, altrimenti non riuscirete a cuocerlo. Lucidate la superficie con un po' di olio, coprite con un panno umido e lasciate lievitare per 40 minuti: la temperatura dovrebbe rimanere superiore ai 22 °C circa.
Trascorso il tempo di lievitazione, servendovi di una spatola rigida (quelle un po' grandi che si tengono con due mani e sembrano delle palette) tagliate questo filone a bastoncini lunghi e sottili, larghi massimo 0,5 cm, in modo regolare. Ricordate che più le dimensioni dei bastoncini sono uguali, più i grissini cuoceranno in modo uniforme. Se la punta è grossa e in mezzo è sottile, la punta non cuoce e il centro brucia: non è solo un esercizio di stile, ma serve per cuocerli bene. Quindi magari perdeteci anche un po' di tempo, ma preparateli con cura.
Poi con due mani prendete ogni grissino come per allungarlo e tirate le estremità con delicatezza fino a raggiungere la lunghezza desiderata, facendo attenzione a non spezzarlo. Appoggiatelo su una placca da forno, meglio forata (in alternativa mettete un foglio di carta da forno sulla teglia normale). Cuocete in forno caldo a 190 °C circa per 10 minuti, quindi sfornate e lasciate riposare sulla placca.
I grissini si conservano per un paio di giorni, ben chiusi in una scatola di plastica con coperchio.

Carlo Cracco

SPAGHETTI ALLA CHITARRA CON RICCI DI MARE E CAFFÈ

Lo spaghetto alla chitarra, di origine abruzzese, è l'unico spaghetto "quadrato". È una pasta morbida, molto simile ai bigoli del Veneto, che però vengono fatti sul torchio e hanno un impasto molto compatto e asciutto, che addirittura si deve quasi "spremere". La chitarra, invece, è un bellissimo strumento di legno con corde di ferro, double face*: una parte, con le corde più larghe, serve per fare gli spaghetti e una, con le corde più strette, per i tagliolini. La cottura è veloce, soprattutto se la pasta si cuoce da fresca, senza farla essiccare. Io preferisco preparare gli spaghetti, che sono molto belli da vedere, hanno un'ottima resa e sono buoni conditi un po' con tutto: vanno d'accordo con funghi, formaggi, carne...*

INGREDIENTI per 6 persone

500 g di spaghetti alla chitarra • 200 g di ricci di mare • 2 cucchiai di olio evo • ⅓ di cucchiaino di caffè in polvere (tipo nescafè) • sale

PREPARAZIONE E COTTURA: 45 minuti

···› ATTENZIONE: quando pulite i ricci di mare usate delle forbici appuntite per tagliare la parte superiore, dove i ricci si attaccano alla roccia: tagliate tutto attorno mantenendovi molto vicini al centro per evitare di rovinare le uova.

Aprite i ricci, scolate l'acqua che si trova al loro interno e filtratela con un colino a maglia fine sopra il quale avrete appoggiato una velina di carta, in questo modo verranno trattenute tutte le impurità. Conservate l'acqua (dovrebbero essere circa 100 ml) in frigorifero. Con l'aiuto di un cucchiaino da caffè concavo (non piatto altrimenti non vi riesce) estraete le uova delicatamente facendo attenzione a non romperle e, se ce ne fosse bisogno, sciacquandole nella loro acqua prima di filtrarla. Conservate i ricci sempre al freddo anche nel corso di tutta la preparazione. In una padella mettete due cucchiai di olio, metà dell'acqua filtrata e scaldate, togliete dal fuoco e aggiungete prima i ricci poi il caffè. Cuocete gli ***spaghetti alla chitarra*** (lezione n° 41) in acqua bollente salata, quando sono pronti (dovrebbero venire a galla ma per sicurezza assaggiateli sempre), scolateli e versateli nella padella. Mettete sul fuoco bassissimo senza mai far bollire eccessivamente i liquidi altrimenti le uova si rovinano. Mantecate in questo modo facendo asciugare leggermente e servite.

IL TOCCO DELLO CHEF

Nel caso foste allergici al caffè, potete sostituirlo con la scorza del limone grattugiata con la microplane direttamente sul piatto. Se volete, potete inoltre aggiungere del burro in padella, serve a dare un tocco vellutato e omogeneità al vostro piatto e vi aiuta a creare quel sugo legato che fa tanta scena.

SCUOLA *di* CUCINA

LEZIONE N° 41
*** *Gli spaghetti alla chitarra* ***

Impastate 500 g di farina di grano duro, 5 uova e 5 g di sale, aggiungendo all'occorrenza pochissima acqua o olio. Noi di solito lo facciamo a mano, ma se volete potete aiutarvi con un'impastatrice, l'importante è far lavorare bene la farina in modo che l'impasto risulti ben liscio e omogeneo. Quindi lasciate riposare coperto con un panno per circa una o 2 ore. Terminato il tempo di

riposo, dividete la pasta in parti grandi la metà della chitarra, tiratela con il mattarello allo spessore di 3-4 mm (un po' più spessa della normale pasta all'uovo) e ritagliatela in una misura leggermente più corta di quella della chitarra che userete (per esempio se la chitarra è di 30 cm, lo spaghetto sarà lungo 25 cm). Appoggiate i ritagli di pasta sulle corde e premete con il mattarello per far uscire gli spaghetti da sotto. Attenzione perché l'impasto tende ad allungarsi, quindi se il ritaglio è troppo grande rischiate di "uscire dalla chitarra" e gli spaghetti non vengono bene.
Disponete gli spaghetti su un asse o su un vassoio, spolverizzateli con un po' di semola e fateli asciugare per almeno 2-3 ore. Ricordate solo che se li fate asciugare di più, a volte si forma una crosticina sulla superficie che li rende più difficili da cuocere. Potete anche conservarli in frigorifero coperti con un panno o con un'altra teglia, in modo che non prendano troppa umidità, ma non si secchino.

FOCACCINE AL BROCCOLO FIOLARO

Questo impasto lo definiamo focaccia perché è morbido, molto semplice e si presta a varie lavorazioni e usi. Con la stessa pasta di base, infatti, si possono preparare anche cose diverse: focaccine da servire come aperitivo o per un cocktail, farcite con un salume (bresaola buona, culatello, salame, lardo), o un "pagnottone" unico, grande, da tagliare a fette. Attenzione, però, che così è più difficile farlo lievitare: dovete conoscere bene le zone della vostra cucina più adatte per ottenere la giusta temperatura e umidità.
In generale, posso dire che per fare un impasto, soprattutto se lievitato, bisogna sempre mettere in conto tanto tempo e pazienza.

INGREDIENTI per 8 persone

750 g di farina 0 • 300 g di broccolo Fiolaro • 150 g di formaggio tipo pecorino • 30 g di lievito di birra fresco • 325 ml di acqua • 50 ml di olio evo • 30 g di burro • 22 g di sale

Per la biga:
250 g di farina 0 • 5 g di lievito di birra • 130 ml di acqua

PREPARAZIONE E COTTURA: 60 minuti

···› ATTENZIONE: il broccolo Fiolaro è uno speciale broccolo che viene dal mio paese, Creazzo, in provincia di Vicenza, dove il broccolo dà il meglio di sé. Si tratta di un broccolo di foglia e non di fiore: si chiama fiolaro proprio perché ha tante foglie, che sono come dei figli. È un prodotto fantastico, con un sapore unico, e si presta a tantissime lavorazioni e accompagnamenti.

···› ATTENZIONE: preferite un pecorino nelle varianti toscano, di Pienza, abruzzese o umbro. In ogni caso sceglietene uno buono, di media stagionatura. Se invece volete ottenere un gusto molto carico, che però col broccolo è più rischioso, potete usare il Pecorino romano, mettendone un po' meno.

Il giorno prima preparate la biga impastando tutti gli ingredienti. Conservatela in frigorifero. Eliminate le foglie esterne e i gambi del broccolo e fate bollire in acqua salata solo la parte centrale (che è molto piccola), finché la foglia non è ben appassita. Se volete trattenere di più il colore raffreddate con acqua e ghiaccio, poi tritate in maniera grossolana: se è troppo fine, il broccolo renderà l'impasto tutto verde e non va bene, perché è bello vedere i pezzetti dell'ortaggio. Disponete la farina a fontana, ponete al centro la biga, l'olio, il burro e l'acqua in cui avrete

SCUOLA *di* CUCINA

LEZIONE N° 42

** I panini all'olio e la lievitazione in casa **

Mettete nell'impastatrice 225 g di farina 0, 8 g di sale, 20 ml di olio extravergine e 15 g di lievito di birra fresco, sciolto precedentemente in 125 ml di latte e 5 g di miele (sostituisce il malto, che è più difficile da trovare). Lavorate per almeno 10 minuti, poi fate riposare coperto in un ambiente umido. Quindi tagliate l'impasto in panini tutti uguali (sarebbe meglio aiutarsi con una bilancia), disponeteli su una placca, lasciateli lievitare ancora un po', fate un'incisione a croce su ognuno e infornate a 220 °C per 20 minuti. Quando sono pronti, spennellateli leggermente con olio evo, così il pane non si crepa.
Ecco alcune cose che dovete sapere. Come si fa a far lievitare il pane in casa? Non tutti avrete il lievitatore, quindi potete usare un armadio che tenete vuoto e che non abbia profumi forti. Mettete lì l'impasto, aggiungendo anche una bacinella d'acqua se manca umidità, in modo da ricreare un ambiente umido e con temperatura di circa 28-30 °C, ideale per far lievitare il pane. L'importante è che non ci voglia troppo: se dopo 40 minuti non è lievitato, vuol dire che c'è qualche problema. Ricordate inoltre di lavorare sempre in un ambiente caldo, così la lievitazione riparte subito, e mai in un ambiente freddo, che rallenta i processi.
E per cuocere il pane? La temperatura del forno deve essere di 200 °C, ma poiché quelli di casa sono un po' meno potenti e, quando li aprite per infornare e poi per controllare, il calore si disperde, calcolate 10 °C in più. Il tempo lo dovete capire: quando la farina è bianca e non bruciata, quando il pane è bello colorato, quando lo prendete in mano ed è bello leggero, vuol dire che è cotto.

già sciolto il lievito e impastate il tutto. A mano è un po' complicato, quindi se avete un'impastatrice utilizzatela, perché fa il lavoro per voi e il risultato è di gran lunga migliore: fatela anda-

re per circa 5-6 minuti, quindi unite il formaggio grattugiato e il sale. Impastate per altri 5 minuti, fino a un totale di 10-14 minuti (la pasta dovrà essere soffice e omogenea) e infine aggiungete il broccolo Fiolaro tritato.
Mettete l'impasto in una ciotola, coprite con un panno umido e lasciatelo ***lievitare*** (lezione n° 42) così per 20 minuti circa. Passato il tempo del riposo, spezzate l'impasto (spezzare vuol dire tagliare a pezzi l'impasto una volta che ha riposato) tenendo conto che per le focaccine monoporzione ne servono 20-25 g. Dovrete quindi usare una bilancia: procedete prendendo una parte di impasto, allungatela fino a ottenere un serpentone, tagliatelo a pezzi e pesateli. Con ogni pezzo fate una pallina e infarinatela leggermente: darà un'aria grezza al pane, meno patinata, molto bella, sana e invogliante. Poi il colore verrà bello dorato. Lasciate lievitare le palline per circa 40 minuti, poi cuocetele in forno caldo a 200 °C, più o meno per 15 minuti.

IL TOCCO DELLO CHEF

Per una variante della focaccia, procedete allo stesso modo con l'impasto (senza aggiungere formaggio), ma al posto del broccolo Fiolaro unite 200 g di patate bollite e pelate, che incorporerete all'impasto a pezzettoni, cercando di non farle disfare completamente (la dose è minore perché il broccolo quando è bollito è molto acquoso e questo significa un impasto molto più morbido, mentre la patata è asciutta, quindi bisogna ridurre il suo peso di almeno un terzo). In più aggiungete anche 10-15 g di rosmarino fresco. Un'unica accortezza dopo la lievitazione dei panetti e prima di infornare: date una pennellata di olio, che creerà una crosticina più accentuata, molto dorata e bella, e cospargete con un pizzico di sale grosso (nell'altra versione, essendoci il formaggio, non serve). Una volta cotta, spennellate di nuovo la focaccia ed è pronta.

Carlo Cracco

TARTARE DI MANZO

La tartare è un piatto antichissimo, della cucina classica; una di quelle preparazioni che si insegnano alla scuola alberghiera. All'epoca, quello che mi piaceva di più della tartare era non tanto la carne cruda, ma il fatto che ci fosse tutta una procedura da fare prima: si imparava questo piatto non tanto per la difficoltà, quanto per la meticolosità con cui bisognava preparare il tutto, tagliare ogni ingrediente in modo perfetto. La carne tritata, una volta pronta, non aveva nemmeno una fibra, era completamente molle ma stava su e le si dava la forma di un hamburger, più o meno, con uno scavo fatto per deporvi un tuorlo d'uovo crudo. Poi si serviva su un vassoio d'acciaio ovale dove veniva guarnita con fette di limone tutt'intorno, su cui si distribuivano capperi, cipolla e cetrioli tritati, prezzemolo e acciuga. Infine, andava condita con salsa Worchester, tabasco o peperoncino, olio extravergine, sale, pepe, senape, paprika in polvere, prezzemolo, e forse anche olive. La tartare la preparava il maître davanti al cliente e ovviamente sempre per due o tre persone, perché doveva esserci una bella massa di carne.
Questa è la ricetta tradizionale. O meglio... la mia, quella che a me piacerebbe mangiare.

INGREDIENTI per 6 persone

400 g di carne trita di manzo • 1 cucchiaino da tè di salsa Worchester • 5 g di gruè di cacao • 1 cucchiaino da caffè di tabasco • sale e pepe bianco

Per guarnire:
80 g di sedano (o sedano rapa, che io preferisco) • 1 cucchiaino da tè di senape in grani • insalata riccia • olio evo • sale

PREPARAZIONE: 7 minuti

••••› **ATTENZIONE:** la scelta della carne è il passaggio più importante. Per la tartare non si usa mai mista o grassa, ma sempre molto magra. Potete comprare carne di scottona, una femmina giovane, sotto l'anno di età, che non ha ancora figliato: è molto magra, bella, setosa e tenera. Come taglio scegliete la fesa, la coscia o, se scottona, alcuni pezzi della spalla (se conoscete bene la carne o avete un macellaio di fiducia, potete farvi dare pezzi molto morbidi anche in quel taglio).

Se avete comprato la carne trita o se l'avete fatta preparare già dal vostro macellaio, ora non vi resta che condirla. In questo caso io andrei sul classico, evitando il limone e tutte le acidità (comprese cipolle e cetrioli) che sono solo un modo per facilitare il gusto nella bocca, coprendo i sapori: mettete la carne in una ciotola, aggiungete la salsa Worchester (oppure, se volete fare i sofisticati, un "bitter", che è più o meno la stessa cosa, si usa per i cocktail e si compra online dagli Stati Uniti), tabasco, sale e pepe, poi macinateci sopra il gruè di cacao (che sono le fave pelate, tostate e tritate), in questo modo il piatto avrà un po' di consistenza sotto i denti.
Per completare prendete un coppapasta, disponetelo al centro del piatto e adagiatevi all'interno la carne premendo leggermente con il dorso del cucchiaio (non dovete assolutamente schiacciarla). Tutt'intorno andranno le guarnizioni: se usate il sedano verde comune lo tagliate a bastoncini ben squadrati e lo condite con sale e olio; se invece volete fare i sofisticati e avete il sedano rapa di Verona, lo pelate, lo fate a fette sottili (magari con un'affettatrice) e poi a julienne finissima e lo insaporite con la senape in grani, molto buona, un goccio d'olio e un pizzico di sale. Completate la guarnizione con dei ciuffetti di insalata riccia.
È importante, per preparare un buona tartare, non mescolare i sapori in modo disordinato: bisogna sentire tutti i gusti in maniera

pulita e netta, non dieci cose diverse che coprono il sapore della carne. Insomma, dovete valorizzarla: il resto è un accompagnamento al piatto, un sostentamento.

IL TOCCO DELLO CHEF

Una cosa che a volte mi piaceva aggiungere alla carne cruda era la mimosa. Per prepararla cuocete 2 uova sode, poi separate l'albume dal tuorlo e passate il tutto al setaccio. È una cosa un po' vecchia, che però a me piaceva un sacco. Era neutra e con niente si guarniva il piatto: c'era colore (giallo e bianco), sapore e faceva un po' da salsina. Non si usa più, ma io ogni tanto la ripropongo lo stesso...
Un'altra furbata è usare il tuorlo marinato quando è secco: una volta che è diventato completamente duro, lo grattugiate e lo met-

SCUOLA di CUCINA

LEZIONE N° 43
Tagliare la carne a crudo

Se volete tagliare da soli al coltello la carne per la tartare, dovete innanzitutto sapere (e questo può esservi utile sempre quando maneggiate la carne) che esiste un verso corretto per farlo. La carne ha una venatura che non è altro che la disposizione delle fibre e non bisogna mai e poi mai tagliarla seguendo la venatura, altrimenti diventa irrimediabilmente dura. Dovete invece andare contro vena, in questo modo la carne si rilassa e risulta più morbida. È molto importante tagliare correttamente la carne, quindi ricordatevelo: mai seguire la venatura.
Tagliate il vostro pezzo prima a tocchi piccoli e poi al coltello.
Se volete preparare la carne per un carpaccio, arrotolatela prima stretta nella pellicola per renderla più ferma, mettetela a riposare in frigo per almeno un giorno e poi tagliatela con l'affettatrice a fette sottilissime, come veline, che andrete a condire.

tete sopra. Darà il gusto dell'uovo ma resterà asciutto, non andrà a impastare la carne. Non è male, fa anche un po' da decorazione. Mi piace tantissimo anche servirla con la frutta rossa, per esempio i lamponi molto maturi, che potete quasi schiacciare con il pollice sul piatto o all'interno della carne, oppure la melagrana, ma sempre molto matura, non quella acida che non è assolutamente buona.

DESSERT CON FROLLA E CREMOSO AL CIOCCOLATO

Quella al cioccolato è una frolla più moderna, molto particolare perché è arricchita: il cioccolato le dà una consistenza diversa da quella classica (in quanto aggiungiamo un composto già di per sé "grasso", intenso), che sembra quasi una sabbia. Permette di giocare ancora di più, facendo cose altrimenti difficili, come modellare: se prendete uno stampo rotondo o quadrato e pressate dentro la frolla al cioccolato, otterrete proprio una specie di biscotto che si sbriciola facilmente.
Quello che vi propongo qui è un bel dessert morbido, fresco, leggero, con un buon sapore di cioccolato e con un gusto speciale, dato dai lamponi e dai petali di rosa caramellati.

INGREDIENTI per 6 persone

450 g di pasta frolla al cioccolato • 250 g di lamponi • 50 g di zucchero • 50 ml di acqua

Per il cremoso:
390 g di cioccolato fondente al 70% di cacao • 500 ml di panna fresca • 500 ml di latte • 200 g di tuorli • 100 g di zucchero

PREPARAZIONE E COTTURA: 60 minuti

···› **ATTENZIONE:** la differenza tra un cremoso al cioccolato e un altro, la fa il cioccolato che utilizzate. Se potete, usate dei cioccolati buoni, tipo Amedei o Domori, quello che conta è la percentuale di cacao. A me piace usare un cioccolato al 70%, ma con delle sfumature un po' particolari: si chiama Nyangbo. Oppure un venezuelano o un creolo. In generale, quando vi piace un cioccolato usate quello e vedrete che il risultato è fantastico.

Preparate il cremoso al cioccolato: scaldate il latte con la panna e levate dal fuoco prima che inizi a bollire, sbattete i tuorli con lo zucchero, uniteli a latte e panna e rimettete sul fuoco a cuocere a 82 °C (controllate la temperatura con un termometro). Spegnete la fiamma e, se ce l'avete, mettete la crema nell'abbattitore, altrimenti fatela raffreddare in una pentola con un po' di ghiaccio (va bene lo stesso). Quindi prendetene solamente un litro (quella che eventualmente avanza tenetela da parte e magari utilizzatela per altre ricette), unite alla crema il cioccolato in scaglie mentre è ancora calda e mescolate bene con un cucchiaio di legno: diventerà cremosa, lucida, bellissima. Fatela raffreddare e trasferitela in una tasca da pasticcere, magari quelle monouso (chiudetela bene sopra, ma aspettate a tagliarla), riponetela in frigo e tenetela lì.
A questo punto frullate un po' di lamponi con lo zucchero e cuocete questo succo con altri lamponi interi per 5 minuti, finché non avrete ottenuto una consistenza sciropposa, quindi fate raffreddare prima di usare. Su un piatto create la base del dessert, disponendo con la tasca uno strato piuttosto alto di crema a forma di quadrato, poi coprite con la ***pasta frolla al cioccolato*** (lezione n° 44) sbriciolata, uno strato di lamponi cotti e infine ancora della frolla. Versate sopra qualche goccia della salsa con i lamponi cotti e coprite con altra frolla.

SCUOLA *di* CUCINA

LEZIONE N° 44
* *La pasta frolla al cioccolato* *

Impastate insieme 120 g di burro morbido con 120 g di zucchero e, separatamente, mescolate anche 50 g di uova con 65 g di farina 00. Unite i due composti, aggiungete 2 g di sale e 60 g di farina di mandorle e lavorate velocemente: meno si tira la pasta frolla e meglio è. Fate riposare il panetto coperto in frigorifero per almeno mezz'ora, quindi stendete la pasta (anche alta 1 cm), cuocetela in forno a 200 °C per 3 minuti e, una volta pronta, frullatela. Alla polvere che si sarà creata – che chiamiamo "sabbiosa" – aggiungete 100 g di cioccolato bianco appena sciolto a bagnomaria alla temperatura di 32 °C (ormai i termometri da pasticceria si trovano facilmente in qualsiasi negozio un po' specializzato e non costano troppo). La temperatura di fusione è fondamentale: il cioccolato non deve mai bollire altrimenti si rovina, perde qualità. Impastate sabbiosa e cioccolato con la spatola e otterrete una massa cotta della stessa consistenza del Pongo, un impasto malleabile con cui giocare. Prendetene un pezzo alla volta, appoggiatelo tra due fogli di carta da forno, tiratelo con il mattarello creando uno strato di frolla molto sottile e mettete in frigorifero: in questo modo il cioccolato, diventando freddo, riprenderà vigore. A questo punto è già pronta per essere usata, non c'è bisogno di cuocerla ancora. Se volete una frolla al cioccolato meno solida, aggiungete solo circa 50 g di cioccolato bianco e usatela proprio come sabbiosa, cioè come se fosse una polvere. Però non è banale, ma ha un suo sapore, una struttura e la sentite buona sotto i denti. Viceversa, se unite una dose di cioccolato maggiore, otterrete un impasto molto più compatto e lavorabile, perfetto come base di una torta: permette di fare il fondo, è buonissimo e non serve cuocerlo di nuovo.

IL TOCCO DELLO CHEF

Per una finitura raffinata, utilizzate dei petali di rosa commestibili che non contengono prodotti per i fiori decorativi (non quelli del fiorista, per intenderci): li staccate a uno a uno, li passate nell'albume e nello zucchero e li lasciate essiccare. Aggiungeteli al dessert e create una specie di giardino con fiori e frutti. Potete anche completare con una pallina di gelato al fiordilatte o semplicemente un po' di lamponi, cotti e non.
Un'altra idea da realizzare con la stessa frolla è creare delle palline che si trasformano facilmente in cioccolatini o tartufi: prendete con le mani la frolla arricchita con più cioccolato (anche 150-130 g), la lavorate formando le palline e le lasciate raffreddate. Poi, per ottenere dei cioccolatini, le immergete nel cioccolato sciolto a bagnomaria, le tirate su con una forchettina, le fate sgocciolare e le appoggiate su un foglio di carta da forno; per preparare dei tartufi invece passatele nel cacao in polvere.

VITELLO TONNATO CON VARIANTI

È un piatto piemontese ideale per l'estate: facile, veloce, si mangia fresco e non è pesante. Per prepararlo si usa carne di vitello, ma a volte lo trovate anche fatto col maiale (non ha lo stesso sapore, ma vabbè). In quel caso, basterebbe chiamarlo... maiale tonnato.

INGREDIENTI per 4 persone

480 g di carne di vitello • 160 g di salsa tonnata • 1 filetto di acciuga • aglio • alloro • burro

Per guarnire:
sedano • capperi • olio evo

PREPARAZIONE E COTTURA: 45 minuti

···› **ATTENZIONE:** come tagli di carne, si possono usare il magatello (che è affusolato e rotondo, ha una bella resa ed è molto magro), oppure il carrè, o lo scamone, che va lavorato un po' di più (va diviso in due e rifilato bene, per eliminare i pezzettini in più).

Il vitello si può cuocere facendolo bollire, come si faceva una volta. Oggi molti lo fanno anche sottovuoto, perché c'è una maggior resa della carne e per la conservazione non ci sono problemi. A me piace moltissimo cotto in maniera tradizionale: prendete il pezzo di carne, fatelo rosolare bene con aglio, alloro, acciuga, burro e lasciate cuocere. Quindi togliete dal fuoco, lasciate riposare e nel frattempo preparate la *salsa tonnata* (lezione n° 45). Per servire, tagliate una fetta di vitello non troppo spessa, prendete un po' di salsa – che sembrerà una composta – e distribuitela sopra.
Poi potete guarnire con foglie di sedano e, come tocco finale, capperi fritti: mettete i capperi salati a bagno nell'acqua per farli spurgare, poi li asciugate e li versate in una pentola con olio bollente. Vedrete che scoppieranno e diventeranno come un fiore: bellissimi e buonissimi.
La guarnizione da me preferita per il vitello tonnato rimane però il sedano: lo pelate bene, togliete tutti i fili con il pelapatate e lo spelucchino, e lo tagliate a bastoncini regolari, della stessa altezza. Li fate sbianchire con acqua e olio e li servite a fianco del vitello tonnato.

SCUOLA di CUCINA

LEZIONE N° 45
La salsa tonnata

Inizio con lo specificare che l'errore più grande che si può fare quando si prepara la salsa tonnata è mettere la maionese! Non c'entra niente, il vitello tonnato non nasce così, si è trasformato nel tempo, forse per comodità, ma la vera salsa tonnata è un'altra cosa. Quindi, per preparare quella vera, dovete fare prima il ***jus di carne*** (lezione n° 58), ma senza aglio né profumi (perché qui si usano altri ingredienti): fate rosolare 500 g di scarti di carne con 150 g di burro, quando sono ben coloriti sfumate con 50 ml di vino bianco e aggiungete 100 g di tonno e 10 g di acciughe. Poi bagnate con 3 l d'acqua, fate sciogliere sul fuoco tutti i succhi che si sono creati sul fondo, e lasciate bollire e ridurre. Frullate il tutto e otterrete un sugo. Con un minipimer emulsionate questa base con 200 g di tonno, 20 g di acciughe e 80 g di capperi dissalati. Infine, per legare il tutto, unite 2 tuorli d'uovo bolliti e poi passati al setaccio: fanno da addensante e rendono la salsa bella spessa e ricca. È questa la vera salsa tonnata tradizionale.

LIVELLO III

ARANCINI

L'arancino è un cibo da strada, davvero particolarissimo, molto nobile e tipicamente siciliano. È bellissimo anche nel suo aspetto e inoltre dà un sacco di spunti per inventare idee nuove. Si può preparare partendo da zero, oppure usando gli avanzi, ed è proprio così che nasce in verità: dal recupero. È interessante notare in che modo la tradizione riesce sempre a valorizzare gli scarti.

INGREDIENTI per 6 persone

300 g di risotto allo zafferano • 50 g di piselli freschi (o surgelati) • 100 g di ragù alla bolognese piuttosto asciutto (non deve esserci troppo olio o sugo) • 80 g di mozzarella • 2 uova • 300 g di pane grattugiato • olio evo • sale

PREPARAZIONE E COTTURA: 45 minuti (25 se il riso è già pronto)

···› **ATTENZIONE:** se fate arancini molto piccoli vi consiglio di farcirli semplicemente con ragù e piselli, senza la mozzarella, perché altrimenti rischia di scappare fuori.

Per prima cosa, dovete avere in casa del risotto allo zafferano (ricetta a pag. 45) avanzato, ma se volete prepararlo apposta – anche se in realtà gli arancini vengono meglio con gli *avanzi* (lezione n° 46) – non c'è bisogno che usiate i pistilli, va benissimo anche la polvere di zafferano. Lo mantecate con il grana e non aggiungete il burro (al limite appena un po' di olio), cuocete 3 minuti in più perché deve essere ben cotto (assolutamente non al dente, ma nemmeno stracotto) e infine lo fate raffreddare, stendendolo su una teglia ampia e tenendolo in frigo oppure all'aria.

Quindi impastate il risotto con i piselli e il *ragù di carne* (lezione n° 31) classico, alla bolognese, bello ricco e molto asciutto, (se è liquido, il riso si separa). Del ragù mettete solo la carne: anche se l'arancino è un po' bianco fa niente, basta che sia asciutto. Formate delle palline (per non sporcarvi le mani potete indossare un guanto, anche se secondo me è anche questo un po' il bello degli arancini, no?), inserite in ogni pallina un paio di cubetti di mozzarella, chiudendoli bene dentro, quindi passatele prima nell'uovo sbattuto e poi nel pane grattugiato. Potete impanare gli arancini una volta sola (è la cosa migliore, secondo me), se invece li volete più croccanti fatelo due volte. Lasciateli raffreddare in frigo coperti con la pellicola per una notte o meglio ancora nel freezer per 2 ore. Quando sono belli freddi, li friggete in olio d'oliva abbondante, scolate su carta assorbente da cucina e servite dopo averli salati in superficie.

SCUOLA *di* CUCINA

LEZIONE N° 46
*** *Cucinare con gli avanzi: il riso* ***

Di solito quando si fa il risotto ne avanza sempre, ma non si deve mai buttare via: si può riutilizzare per fare principalmente due cose. Una sono gli arancini, l'altra è il riso al salto.
Credo che l'arancino sia molto più intrigante, per la forma che ha e perché potete arricchirlo: io vi ho fatto l'esempio di un ripieno con piselli, mozzarella e ragù, ma potete anche usare soltanto piselli e mozzarella, oppure del pomodoro o della liquirizia... A me piace tantissimo con solo la liquirizia: prendete il bastoncino, lo grattugiate e, quando avete fatto la pallina di riso, spolverate appena appena l'arancino con un velo di liquirizia e poi lo impanate. Sembra dolce, ma è anche salato: vi fa viaggiare.
Il riso al salto non è semplice da cucinare, perché essendo già ricco di burro e grassi fa fatica a tenersi insieme quando lo andate a

cuocere. Però è fantastico, anche se è un piatto che trovo proprio di recupero: non mangerei mai un riso espressamente fatto al salto; lo faccio perché è avanzato e così non lo butto via. Per prepararlo usate un riso come quello per gli arancini: senza burro, un po' più cotto e mantecato con il grana. Dovete stenderlo già della misura che vi interessa: prendete degli stampi rotondi abbastanza grandi (14 cm di diametro), versate dentro il riso, lo schiacciate bene, livellate e fate raffreddare. Poi, in una padella antiaderente bella leggera, mettete un filo di olio e un po' di burro, aggiungete il riso e fate rosolare. Se lo fate sottile diventa croccante ma anche secco, se lo fate un po' più alto vi rimane dentro più morbido. A me non piace se è troppo secco.
Il riso si può fare bianco o giallo e potete servirlo con altri avanzi: un ragù di carne o delle verdure. Potete farlo gratinato, con qualche bella fetta di mozzarella, pane grattugiato e un goccio di colatura di alici (ovviamente, in questo caso il risotto deve essere bianco); oppure con mozzarella ed erbe aromatiche, leggermente gratinato e guarnito con un filo di ***vinaigrette*** (lezione n° 12). Dovete giocare: il riso si presta, perché è neutro e voi ci potete mettere sopra quello che volete: un pomodoro, delle spezie, qualsiasi cosa. L'importante è che ci sia sempre il contrasto morbido/croccante, gratinato/non gratinato e fresco, oppure ancora un sapore inedito come quello della menta.

TORTELLINI CON BRODO DI CASTAGNE, FUNGHI PORCINI E SALICORNIA

Questa è una ricetta che abbiamo proposto per un cenone di Capodanno, un piatto che io e Matteo Baronetto avevamo preparato al momento, qualche giorno prima, e ci era venuto talmente bene al primo colpo che ci siamo rimasti molto legati, anche perché lo associamo a una sera di festa.
I tortellini, secondo la tradizione italiana, sono il simbolo del Natale e poi, a differenza dei ravioli, che possono essere anche di altre culture e di altre cucine, secondo me sono la forma di pasta fresca più italiana che esista. Una volta si diceva che assomigliano all'ombelico di Venere ed era un modo per specificare la taglia perfetta: il tortellino, infatti, per essere considerato tale non può essere più grande dell'ombelico.
Quello che avevamo preparato noi era classico, con una pasta molto ricca di uova e la farcia abbastanza consistente. Ovviamente il ripieno dei tortellini si può declinare in vari modi: ci sono quelli con la mortadella, con i salumi, con il prosciutto crudo... Ne esistono un sacco di varianti. In quel caso avevamo preferito usare una carne un po' più delicata e sofisticata, perciò avevamo scelto il vitello (ma in alternativa, se piace la selvaggina, va bene anche la fagianella, che è sempre molto delicata e leggera). Il segreto stava poi nell'abbinamento tra il brodo di castagne, che è tutto profumo ed è anche un po' dolce, i funghi porcini che danno un gusto molto aromatico e deciso, la salicornia che conferisce freschezza e acidità, e il tortellino, con la sua farcia molto sofisticata, molto umida. Servito con una flûte di champagne rosé è il massimo.

INGREDIENTI per 6 persone

Per la pasta :
500 g di farina 00 • 4 uova • 4 tuorli • 1 cucchiaio di olio evo • sale

Per il ripieno:
2 cosce di fagianella disossate e le sue frattaglie • 1/2 cipolla bianca • 1 spicchio d'aglio • 1 foglia di alloro (o 4 foglie di salvia) • vino bianco • 50 ml di Marsala giovane • 40 g di grana • olio evo • burro • sale e pepe

Per condire:
100 g di castagne secche • 200 g di funghi porcini • salicornia fresca • 1 cipolla • 1 cipollotto (o porro) • 1 spicchio d'aglio • 50 g di burro (o olio evo) • 1 cucchiaio di olio evo • sale

PREPARAZIONE E COTTURA: 2 ore

⋯› **ATTENZIONE:** i funghi migliori sono i porcini, ma vanno bene anche i finferli o i chiodini.

⋯› **ATTENZIONE:** la salicornia, chiamata anche "spaghetti di mare", è una pianta erbacea composta da piccole alghe ramificate che trovate – o potete ordinare – in pescheria. Ha un buon sapore di mare che darà alla vostra ricetta un tocco in più.

Preparate una pasta all'uovo molto ricca, impastando farina, uova, tuorli, olio, un pizzico di sale, lavoratela bene e poi mettetela a riposare.
Quindi preparate il ripieno con la fagianella: pulite le cosce, togliete la pelle, disossatele, spaccate la carcassa e preparate un *jus* (lezione n° 11). Tagliate a pezzi la polpa, fatela rosolare, senza la

Imperia
Restaurant

Imperia
Restaurant

pelle e le ossa, con un po' di burro, l'aglio in camicia, sale e pepe. Quando è ben dorata, aggiungete la cipolla, lasciatela appassire, unite mezza foglia di alloro (oppure le foglie di salvia) e cuocete piano piano, sfumando con un goccio di vino bianco. Fate caramellizzare di nuovo, aggiungendo un po' del jus preparato prima, circa 20 g, e continuate a cuocere bene, finché la carne non diventa tipo un brasato (passatemi il termine, più o meno è simile), in una padella preferibilmente bassa e larga. Salate, pepate quindi mettete da parte.

Prendete le frattaglie (fegato, cuore e, se ci sono, le animelle e le creste) e pulitele: al durello va tolta la pelle che sta all'interno e va lavato molto bene; al fegato e al cuore invece dovete togliere la venatura principale. Tagliate tutto a cubetti, fate rosolare in padella con olio, sfumate con un goccio di Marsala, aggiustate di sale e pepe, unite alla carne e finite di cuocere per 5-6 minuti. Quindi frullate il tutto per fare la farcia, utilizzando un cutter che taglia bene: più taglia più otterrete un risultato omogeneo, senza filamenti. Se ce l'avete, potete usare anche un tritacarne a manovella: ha il vantaggio che, non venendo frullata, la carne mantiene un sapore quasi migliore. L'importante comunque è ottenere un impasto morbido, ma non asciutto. Aggiungete il grana grattugiato e, una volta pronto, procedete al confezionamento dei tortellini.

Riprendete la sfoglia, tiratela sottile con l'aiuto della macchinetta – ma se la fate a mano è anche meglio –, ritagliate dei piccoli quadrati, ponete al centro una pallina di farcia, poi chiudeteli a tortellino (mi raccomando: fatelo mano a mano che preparate i quadratini, altrimenti la pasta si secca). La tecnica per ottenere i tipici tortellini è semplicissima: prendete il quadrato con la farcia, chiudetelo a metà in modo che si uniscano le due punte opposte creando un triangolo, pigiate bene sui lati per sigillare, quindi formate un anellino unendo tra loro le altre due punte, e infine piegate leggermente in fuori la codina che si è formata. L'importante è la taglia: più sono piccoli, meglio è. Ci vuole un po' di tempo per prepararli,

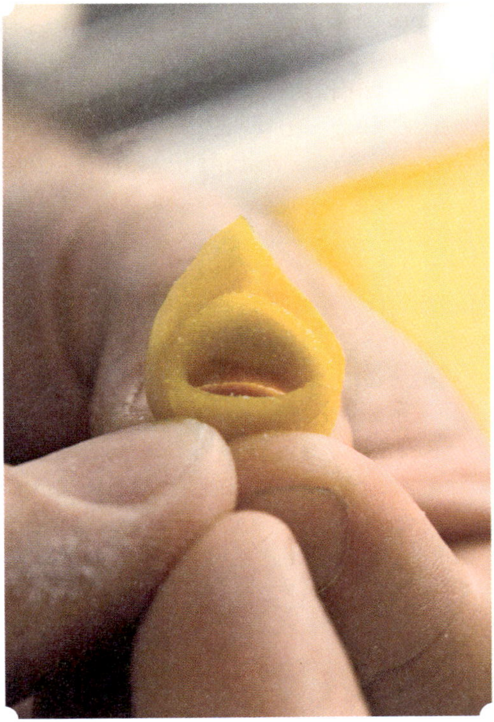

però il risultato è fantastico. Una volta pronti, riponete i tortellini in frigo, spolverizzandoli con un po' di semola o di farina perché non si attacchino.
Per il brodo di castagne: in una pentola versate circa 3 l di acqua fredda, aggiungete le castagne secche, buone e non troppo vecchie, la cipolla (che dovete prima far bruciare in padella in modo che annerisca) e un cipollotto o del porro. Se volete potete unire anche quelle parti dei funghi che magari, alla base, sono un po' aperte perché troppo mature e non belle da servire. Portate a bollore piano piano, da freddo, per estrarre il sapore della castagna, poi abbassate e cuocete per circa un'ora. Quando il brodo è pronto, filtratelo – le castagne non buttatele via, mi raccomando –, mettetelo da parte e fate raffreddare. Saltate i funghi porcini in padella con l'aglio, un po' di burro, olio e sale. Una volta cotti, aggiungete la salicornia cruda e fatela saltare senza condire con altro sale.
Portate a ebollizione il brodo, cuocete i tortellini per 3-4 minuti e serviteli con un po' di brodo di castagne e i funghi porcini con la salicornia. Quando versate il brodo, fate attenzione a coprire solo il fondo del piatto, quindi mettetene 3-4 cucchiai, non di più: il resto andrà raccolto in un bricco, in una brodiera, e versato al momento nel piatto di ogni commensale. Completate con un filo d'olio e servite.

IL TOCCO DELLO CHEF

Con le castagne messe da parte potete arricchire un sugo di carne (schiacciatele e mettetele nel ragù), oppure la farcia dei tortellini. Addirittura si può fare un ripieno solo a base di castagne: prendete 60-70 g di castagne secche, le bollite, le frullate, aggiungete un uovo intero, 50 g di pecorino (di Fossa o normale), 20 g di pane grattugiato, un pizzico di sale, di pepe e di noce moscata. Impastate il tutto e preparate le palline con cui riempire i tortellini. Sono ottimi anche con un brodo di carne.

SCUOLA *di* CUCINA

LEZIONE N° 47
* ***La farcia dei tortellini*** *

Per la farcia tradizionale dei tortellini di solito si usano carne trita di vitello e di maiale, mortadella, uova, grana e un po' di pane. All'impasto di carne aggiungete uno o 2 cucchiai di grana grattugiato, giusto per farlo assorbire bene, oppure – questa è una mia interpretazione – un asiago stravecchio grattugiato, un po' più delicato del grana, che quando è buono rischia di coprire un po' i sapori. Se vedete che il ripieno è troppo molle, troppo liquido, vuol dire che avete sbagliato qualcosa già prima. Quindi procedete con attenzione: l'impasto deve essere asciutto ma non secco (se risulta troppo asciutto casomai aggiungete un tuorlo d'uovo, così legate il tutto e ammorbidite).
Un piccolo trucco per portarsi avanti: prendete la farcia quando è fredda, formate delle palline tutte uguali (ne preparate circa un centinaio) e mettetele in frigo. Saranno già pronte per essere disposte sulla sfoglia.

CRUDO ALL'ITALIANA

Nel crudo all'italiana il privilegio vero è poter servire sgombri, alici e tutto il pesce azzurro senza perderne il sapore più autentico. Secondo me, tra l'altro, il pesce azzurro è il più buono che abbiamo nella nostra cucina ed è davvero unico anche nel panorama mondiale, ha un sapore speciale dato dalle caratteristiche del mar Mediterraneo. Con il crudo all'italiana possiamo conservare il gusto che il pesce ha acquisito dall'ambiente in cui è vissuto, valorizzandolo: è un piatto eccezionale, molto delicato e saporito allo stesso tempo.

INGREDIENTI per 8 persone

600 g di tonno toro • 600 g di alalunga palamito • 600 g di sgombro • 600 g di sarde

Per condire:
1 limone (o 1 finger lemon) • 1 arancia rossa • capperi secchi o freschi (o fiori di cappero) • salsa tradizionale al rafano • olive nere • pomodoro • dragoncello • erba cipollina • crescioni • alghe (facoltative) • olio evo • sale di Cervia

PREPARAZIONE: 30 minuti + abbattimento

···› ATTENZIONE: non coprite mai il pesce con il succo di limone! Se il pesce è buono, perde tutto il suo sapore, se è cattivo non si sente e può far male. Un altro ingrediente che non metto mai è l'aceto, perché cuoce la carne senza aggiungere nulla. Se proprio volete, usate il balsamico, ma quello vero costa più del pesce, quindi non ha molto senso...

Prima di servire e mangiare il pesce crudo, la regola è di abbatterlo a meno di 20 °C per almeno 24 ore. In questo modo si elimina un vermetto, l'anisakis, che può causare problemi di salute. Se non avete in casa l'abbattitore, affidatevi al vostro pescivendolo di fiducia che lo farà per voi.
Una volta compiuta questa operazione, *preparate il pesce* (lezione n° 48): basta tagliarlo a fettine sottili, seguendo la controvena del filetto. Quindi non resta che preparare i condimenti. Innanzitutto si può aggiungere sul pesce la scorza di limone grattugiata con la microplane: avrete così il gusto del limone senza l'acidità. Potete anche usare il finger lemon, anche se non è per niente italiano ma australiano. È un baccello scuro che ha

SCUOLA *di* CUCINA

LEZIONE N° 48
* *Preparare il pesce crudo* *

La prima regola, quando si prepara il pesce crudo, è squamarlo. Per farlo usate lo strumento apposito, lo squamapesce, e grattate la superficie. Quindi aprite la pancia e svuotate le viscere (fegatino e lattume si possono usare, ma solo quando sono freschissimi). A questo punto sfilettate: con un coltello incidete vicino alla testa in modo trasversale e tagliate il pesce a metà partendo dalla testa, toccando la lisca e andando giù fino in fondo. Poi partite dalla coda e fate scorrere il coltello, appoggiandolo verso il basso, con un movimento leggero a zig zag per togliere la pelle. Despinate con una pinza i due filetti ottenuti e refilate bene le parti che sono state a contatto con le viscere. Non buttate via gli scarti: potete usarli per preparare un fumetto o la gelatina, mettendoli tutti assieme con sedano, cipolla, una foglia di alloro, un goccio di vino bianco e aglio. Io vi consiglio poi di non lavare il pesce, perché rischiate di portare via anche i sapori migliori: sciacquatelo leggermente sotto l'acqua fredda solo se è davvero necessario, altrimenti pulitelo con un po' di carta da cucina. Una volta pronto, conservatelo sempre nel ghiaccio, mai all'aria perché deperisce velocemente.
Per le alici e le sarde bisogna fare un discorso un po' diverso, perché vanno pulite con le mani: con il pollice aprite la pancia, dalla testa verso la coda, togliete le viscere, pulite con un pezzo di carta e fate marinare con il sale per circa 10 minuti. Una marinatura leggera è molto importante per "fermare la vita" del pesce, in modo che conservi il suo sapore e, nel caso del pesce azzurro, va fatta al massimo un giorno dopo che è stato pescato, perché poi diventa acido. Per uno sgombro da 300 g, servono 80 g di sale grosso: mettete il pesce pulito su una teglia, cospargetelo col sale, coprite con la pellicola e riponete in frigorifero per un'ora, poi giratelo e lasciatelo marinare per un'altra ora. Quindi lo sciacquate, lo asciugate con carta da cucina ed è pronto per essere usato.

dentro delle microsfere: quando le metti in bocca scoppiano e danno un tocco intelligente e raffinato.
Un'altra idea è quella di usare l'arancia, buona soprattutto sul tonno, sul branzino e sullo spada: ha un'acidità bassissima ed è molto dolce. Si può preparare una vinaigrette emulsionando il suo succo con olio e un pizzico di sale, versarne qualche goccia sul piatto, appoggiare sopra il pesce e condire con pochissimo sale di Cervia, appena appena, sulla superficie.
Agli agrumi potete aggiungere i capperi oppure il fiore del cappero, che è fantastico, viola e bellissimo.
Il pesce crudo si può accompagnare anche con il pomodoro. Fatelo sbianchire, spelatelo, tritate la buccia finemente e conditela leggermente con un goccio d'olio (niente sale perché fa buttare fuori l'acqua). Infine profumatela con un po' di erbe aromatiche: il dragoncello, che è un po' forte; la cipollina, che pizzica leggermente; il cerfoglio, più delicato; i crescioni, che crescono ovunque... potete mettere di tutto. Mescolate molto bene e versate sul pesce. Potete preparare anche uno speciale olio di olive (le passate in forno denocciolate e poi le frullate, sarebbe meglio usarne un kg per avere una massa importante e quindi un risultato migliore) e una salsa tradizionale al rafano.
L'olio che si usa per condire è molto importante: io prediligo quelli siciliani, ma anche quello del Garda è molto buono, molto corposo, profumato, anche se un po' diverso, molto robusto.
Il bello nel servire il crudo di pesce è prendere un vassoio di ceramica grande, disporre ogni tipo di pesce in una parte del vassoio e condire ognuno in modo diverso: il tonno con il limone, la ricciola con l'arancia, l'alalunga con i capperi, lo sgombro con l'olio di olive frullate, le sarde con il pomodoro. A parte servite la salsa di rafano ed eventualmente un po' di alghe, che si comprano nei negozi di alimentari giapponesi: le fate rinvenire in acqua e le condite con filo d'olio e poco sale. Sarà un piatto bellissimo, da condividere in mezzo al tavolo con tutti.

GNOCCHI AL SUGO DI PESCE

Dopo quelli di mia mamma, ho mangiato gli gnocchi da "Da Remo", dove li faceva Elena, una signora velocissima in cucina: in pochissimo tempo preparava gnocchi per trenta persone, era davvero incredibile. Poi era così brava! Li faceva anche verdi con gli spinaci o gialli con lo zafferano: venivano proprio belli.

INGREDIENTI per 6 persone

Per gli gnocchi:
500 g di patate • 110 g di farina 0 • 80 g di grana • 3 tuorli grandi (4 se sono piccoli) • sale • pepe bianco

Per condire:
18 gamberi di acqua dolce • 18 pomodorini • 1/2 cipolla • 100 g di burro • 200 g di spinaci (o erbette) • sale

PREPARAZIONE E COTTURA: 45 minuti

···› **ATTENZIONE:** per il sugo con cui condire gli gnocchi, io consiglio di comprare i gamberi di fiume, cioè quelli d'acqua dolce, che tra l'altro non costano mai tantissimo (anche se a volte sono un po' terrosi). Ricordate però che devono essere sempre vivi quando li acquistate, altrimenti non sono buoni.

Fate lessare le patate in abbondante acqua salata, quando sono cotte (fate la prova infilzando uno stecchino: se scivola bene, vuol dire che sono pronte) scolatele, pelatele facendo attenzione a togliere anche gli "occhi" neri, schiacciatele con lo schiacciapatate e aggiungete la farina, il grana, i tuorli, sale e pepe bianco.

Impastate e preparate gli gnocchi formando prima dei cilindri e poi tagliandoli a pezzetti di circa 2 cm, che potete lasciare così o schiacciare leggermente sotto una forchetta per ottenere le classiche scanalature. Una volta preparati tutti, buttateli in acqua bollente salata: sono pronti quando vengono a galla.
Fate sbianchire i gamberi in acqua bollente salata per 30 secondi scarsi, scolateli, sgusciateli e togliete il filettino nero che hanno nel mezzo. Li potete servire anche con tutto il carapace (le chele, se riuscite a romperle, all'interno hanno una polpa molto buona), oppure farne una salsa come quella per la bisque di crostacei: unite le chele e i carapaci, i pomodorini, la cipolla e il burro, fate bollire per 20 minuti con un po' di acqua, poi filtrate bene schiacciando i pomodori e lasciate ridurre della metà. Servite gli gnocchi conditi con questa salsa e con i gamberi interi. A questo punto impiattate: sul fondo del piatto mettete un letto di spinaci (o erbette) saltati, adagiate sopra gli gnocchi conditi e infine i gamberi.

SCUOLA *di* CUCINA

LEZIONE N° 49
*** Sugo di pesce ***

Prendete i carapaci dei crostacei, pulite bene le teste e tenete da parte. Nel frattempo fate rosolare uno spicchio d'aglio, sedano, carote, cipolle e un po' di alloro, quindi aggiungete i carapaci, continuate a rosolare per altri 2-3 minuti e poi unite i Datterini tagliati a metà, 2 bei rami di basilico e 150 g di burro circa. Bagnate con un goccio d'acqua e lasciate cuocere piano piano, fino all'ebollizione: a questo punto alzate la fiamma e proseguite la cottura per circa 20 minuti. Frullate il tutto con un frullatore a immersione, in modo che i carapaci rilascino il loro sugo, che è molto buono. Potete farlo ridurre molto, fino a renderlo quasi una glassa, e servirlo come salsa; altrimenti, più liquido e con meno burro, diventa una zuppa.

IL TOCCO DELLO CHEF

Un'altra versione di questa ricetta che a me piace molto è con le sarde, appena appena scottate e appoggiate sempre su spinaci, erbette o bietole leggermente saltate. Per un tocco di agrodolce, potete aggiungere un po' di pinoli e uvetta e infine un filo di olio. Ci sta bene anche un pesto leggero, però non di basilico, ma di prezzemolo.

CASSOEULA (ALLA CRACCO)

Questa ricetta non vuole essere solo la rivisitazione di un grande classico della tradizione milanese, ma anche un'occasione per raccontare la storia del mio piatto. La sua nascita risale all'anno 2000, all'inizio dell'avventura del ristorante "Cracco Peck". Una delle prime cose che mi ha insegnato il signor Angelo Stoppani, allora mio datore di lavoro, è stata infatti mangiare una cassoeula "fatta bene". Questo piatto a me piaceva un sacco e in particolare di tutte le sette parti del maiale che lo componevano (cotenna, testina, costine, piedino, musetto, pancetta e verzini) una in assoluto era la mia preferita: il musetto. Al contrario del Veneto, dove il termine indica un tipo di cotechino, a Milano il musetto corrisponde alla parte che sta intorno al grugno, che io non conoscevo molto bene. In breve mi innamorai di questo taglio, tanto che cercai di utilizzarlo per preparare un antipasto che fosse sì legato alla tradizione, ma un po' più moderno. Il "Musetto di maiale fondente con pomodori verdi e scampi" è tuttora presente nella carta del ristorante, non riusciamo più a toglierlo: oltre a essere fantastico, è diventato un po' un'icona. Nel tempo, sono tornato su questo piatto: come era nato, così lo volevo restituire, e ci sono riuscito attraverso l'uso degli scarti del musetto. Il grugno, infatti, viene tagliato dal macellaio in modo da dargli una forma più regolare: se ne ricava uno scarto unico, lungo, una striscia. Siccome questo scarto è abbondante ho pensato di provare a riutilizzarlo anche solo per uso interno, per noi del personale, insieme alle verze di cui sono appassionato. Il risultato è stato grandioso... ed è nata la "Cassoeula alla Cracco".

INGREDIENTI per 4 persone

700 g di ritagli di musetto di maiale • 1,2 kg di verze • 2 l di brodo vegetale • 1 gambo di sedano • 1 carota • 1 cipolla • 2 spicchi d'aglio • mix di spezie a piacere • olio evo • sale e pepe

PREPARAZIONE E COTTURA: 5 ore

···› **ATTENZIONE:** la porzione consigliata è "finché non siete *sgionfi*": quando ci si concede un piatto come questo, bisogna mangiarne tanto perché dà davvero soddisfazione! Ovviamente poi non si prende altro nello stesso pasto e il giorno dopo si fa dieta.

···› **ATTENZIONE:** quando lo aggiungete alla verza, non bagnate il musetto con troppo brodo: basta appena appena il fondo, perché la carne deve un po' caramellizzarsi. Vedrete che diventerà buonissimo, inarrivabile. Prima di servire, lasciatelo riposare per almeno mezz'ora.

Utilizzando una pinzetta, eliminate tutti i peli del musetto, poi bruciacchiate la superficie della carne con il cannello oppure passatela velocemente sopra la fiamma del fornello. Fatela sbianchire immergendola in acqua bollente con un goccio di aceto, poi raffreddate immediatamente passando la carne nell'abbattitore a –2 °C o fate raffreddare in frigorifero per 2-3 ore. Preparate un fondo bianco rosolando carota, sedano, cipolla, timo e alloro in una pentola, aggiungete

SCUOLA *di* CUCINA

LEZIONE N° 50
* *L'arista di maiale al latte* *

Un piatto molto interessante che si fa con la carne di maiale è l'arista al latte. È un piatto tradizionale. Per prepararlo rosolate molto bene il maiale senza aggiungere altri grassi e a metà cottura bagnatelo con il latte (per un chilo di carne ne serve un litro). Disponete tanta salvia tutto intorno, poi infornate per un'ora a 220 °C e fate ridurre, frustando ogni tanto la salsa ed eventualmente aggiungendo un goccio d'acqua. Per proteggere le ossa, che saranno state perfettamente pulite dalla carne, copritele con la carta stagnola: si mantengono bianche e non si bruciano. Servite la carne tagliata a fette e coperta con la salsa.

gli scarti del musetto, coprite d'acqua salata e fate cuocere per almeno un'ora e mezza, quindi filtrate. Mettete il musetto su una teglia da forno di quelle un po' alte, per fare l'arrosto, versateci sopra una parte del fondo bianco e infornate a 170-180 °C per 3 ore (è cotto quando, infilzando uno stecco, questo penetra come se fosse burro). Lasciate raffreddare la carne, quindi tagliatela a grossi cubi di 3 x 3 cm.
Fate rinvenire la carne di maiale tuffandola per 2-3 minuti nel brodo vegetale bollente (va bene anche il fondo bianco ben filtrato); nel frattempo pulite le verze, tagliatele e mettetele a sudare in una padella per 10-12 minuti con olio, aglio e spezie. Trasferite la carne scolata dal brodo e la verza in una teglia bassa con un po' di fondo, mescolate, coprite con della carta stagnola e fate cuocere a 160-170 °C per un paio d'ore (scoprite quando manca mezz'ora e aggiustate di sale), finché il musetto non perde tutta l'acqua e caramellizza e anche la verza si asciuga. Il segreto è tutto nella lunga cottura di cui ha bisogno questa carne per eliminare parte della sua grassezza, ma anche per non risultare greve: non deve avere quel sapore di maiale bollito che non è piacevole. Metter-

la in forno è davvero il tocco finale: si asciuga completamente, si secca leggermente e forma come una pellicina. Queste parti del maiale che sono un po' miste, quando si asciugano danno il meglio, perché si esalta la parte buona. Poi la verza fa il resto. Il risultato è una cassoeula molto più asciutta dell'originale, ma dalla bontà indescrivibile perché completamente collosa. Roba da andare fuori di testa.
Di solito si serve direttamente dalla teglia.

RISOTTO DI PESCE

Questo risotto di pesce potete prepararlo in mille maniere. Una di quelle classiche viene fatta usando i frutti di mare: vongole, cozze, tartufi e conchigliame in generale. Potete provare anche con le scarpette, delle seppioline che si prestano bene, hanno un buon sapore e quando sono fresche sono il massimo. Qui vi insegno la versione con i calamaretti: a me piacciono tantissimo quelli piccolini, gli spillo. Legheremo il risotto non con il grana e il burro, ma con la farina di riso.

INGREDIENTI per 4 persone

320 g di riso Vialone Nano • 160 g di calamaretti • 2 l di fumetto di pesce • 30 g di cipolla • 20 g di burro • 2 cucchiai di olio evo • 20 g di farina di riso fine • 5 g di erba cipollina • 5 g di cerfoglio • 5 g di dragoncello • sale

PREPARAZIONE E COTTURA: 1 ora e 20 minuti

••› **ATTENZIONE:** quando aggiungete la farina di riso dovete fare molta attenzione affinché non si creino grumi.

Tostate il riso con 20 g di burro, bagnate con il *fumetto* (lezione n° 51) e portate a cottura. Quando è quasi pronto, aggiungete la farina di riso precedentemente sciolta in 2 cucchiai di acqua fredda. Lasciate cuocere ancora 2 minuti poi spegnete il fuoco: vedrete che il risotto si legherà immediatamente. Versate anche un bel cucchiaio d'olio. A parte, pulite i calamaretti togliendo solamente l'ossicino bianco, che in quelli piccoli è trasparente, poi fateli cuocere in una padella antiaderente (precedentemente scaldata e quindi già bollentissima) per 8 secondi, girateli e dopo altri 8 secondi toglieteli dal fuoco. Versate il risotto nel piatto e arricchitelo con le erbe fresche tagliate sottili: il vostro riso sarà praticamente bianco e verde. Sopra disponete i calamaretti, condite con un filo d'olio e servite.

SCUOLA *di* CUCINA

LEZIONE N° 51
Il fumetto di pesce

Quando comprate il pesce, anche se ve lo fate pulire in pescheria, fatevi sempre dare almeno la lisca e la testa (non le frattaglie, quelle è meglio lasciargliele lì).
Sciacquate leggermente la testa, la spina, la pelle e in generale tutte le parti di scarto: in totale per il fumetto ve ne serviranno 500 g. Preparate un soffritto grossolano con 60 g di porro, 50 g di cipolla, 50 g di sedano, uno scalogno piccolo, 1 cipollotto, 1 spicchio d'aglio (tutti ingredienti bianchi) e 30 ml di olio evo. Unite anche mezza foglia d'alloro – a me piace sempre moltissimo – poi aggiungete gli scarti del pesce, fateli brasare, sfumate con 50 ml di vino bianco, coprite con 1,5 kg di ghiaccio, mettete il coperchio e abbassate il fuoco. Fate andare appena appena, in modo che si sprigionino il sapore e i profumi del pesce: partendo da freddo, tutto quello che c'è dentro fuoriesce. Appena inizia a bollire, lasciate ridurre (più lo ridurrete, più risulterà gelatinoso), in maniera che il fumetto si concentri un po', senza mai toccarlo

né mescolarlo, ma schiumando continuamente per eliminare le impurità. Infine filtrate e mettete in frigo. Il fumetto di pesce è fantastico perché ne potete anche prendere un cucchiaio e servirlo così, con sopra un po' di spezie, olio e sale: sembrerà una gelatina di pesce naturale, ottima. Oppure potete metterlo in un'insalata, con del pomodoro, delle verdure, del pesce crudo. È una base di cucina che è sempre utile avere: se non la usate subito, la conservate nel congelatore e ve ne servite, per esempio, per fare un risotto di pesce, o una salsa di pesce, o per arricchire un piatto. Se lo fate ridurre, infatti, diventa ancora più colloso, e potete aggiungerlo a del pomodoro per ottenere una salsa molto buona.
L'unica attenzione: quando lo preparate, non mettete mai verdure rosse o colorate, perché deve avere un fondo completamente bianco.

IL TOCCO DELLO CHEF

Volete davvero tirarvela? Servite il riso con un pizzico di paprika, appena appena, oppure la pelle dei pomodori seccata in forno, tutta croccante.

CREMA DI CASTAGNE AFFUMICATE, LENTICCHIE E FRUTTO DELLA PASSIONE

Questo è un piatto che mi piace molto. Ovviamente è una ricetta invernale, non si può fare tutto l'anno. Quello che è interessante notare è però come si possa – partendo da un ingrediente povero come la castagna, che è anche difficile da usare perché è un po' dolce – modificare il gusto di partenza con l'aggiunta di un paio di ingredienti, stravolgerlo e tirarne fuori un'essenza unica, un sapore nuovo, un modo inedito e piacevolissimo di assaporarlo, che adoro. È uno di quei piatti che fanno sì che si possa riconoscere che "quella" è la "tua" cucina.

INGREDIENTI per 4 persone

500 g di castagne fresche (oppure 200 g già pelate) • 100 g di lenticchie di Ustica • 2 frutti della passione • 1 gambo di sedano • 1 carota • 1 spicchio d'aglio • 500 ml di brodo vegetale • 50 g di burro • 30 ml di olio evo • sale e pepe

PREPARAZIONE E COTTURA: 90 minuti

···› **ATTENZIONE:** come lenticchie, vi raccomando di utilizzare quelle di Ustica, che sono fantastiche, tra le migliori. Non sono facilissime da trovare, ma con un po' di pazienza, magari in qualche negozio di alimenti biologici, potrete procurarvele.

Preparate un classico fondo di cottura per le lenticchie: mettete in padella sedano, carota e aglio (senza anima) tritati e soffriggeteli con il burro. Quindi versate le lenticchie (già messe a bagno per almeno un'ora, scolate e asciugate), copritele con 200 ml di brodo vegetale e fate cuocere senza coperchio (a me piace sentire il profumo che si diffonde) per circa 20-25 minuti. A fine cottura, regolate di sale, pepate e assaggiate: la lenticchia deve essere morbida.
Per le castagne potete procedere in due modi: comprarle già affumicate per facilitarvi il lavoro, oppure acquistarle (o raccoglierle nel bosco) fresche e affumicarle da soli. Per farlo praticate sulle castagne un piccolo taglio orizzontale, fate bollire 4 l d'acqua, salate, poi buttate dentro le castagne e cuocete per 20-30 minuti. Scolatele, lasciatele raffreddare, pelatele ed eliminate il più possibile la pellicina scura che le ricopre, dopodiché procedete con

l'***affumicatura*** (lezione n° 52). Una volta pronte, frullatele con 300 ml di brodo vegetale, fino a ottenere una purea dalla consistenza morbida, unite le lenticchie, che vanno tenute intere, e la crema è pronta. Potete renderla più densa aggiungendo castagne, più liquida allungando col brodo.

Tagliate i frutti della passione a metà, usate i semini per guarnire il piatto e completate con un filo d'olio. Il risultato è fantastico.

SCUOLA *di* CUCINA

LEZIONE N° 52
* ***L'affumicatura*** *

È una tecnica un po' laboriosa, ma non difficile. Utilizzate 200 g di rametti di rosmarino fresco, rotti in vari punti per renderli meno voluminosi, dategli fuoco con un accendino o un cannello e poneteli sul fondo di una pentola piuttosto alta. Sovrapponete al rosmarino una griglia (che quindi deve essere di una dimensione adatta a quella della pentola), disponeteci sopra l'ingrediente da affumicare (in questo caso castagne, oppure pesce o carne o foie gras) e chiudete immediatamente con il coperchio, lasciando che si spenga il fuoco e che i fumi del rosmarino impregnino la polpa per circa 10 minuti. Questa procedura conferisce il gusto di affumicato all'esterno, senza toccare l'interno dell'alimento: il contrasto è molto piacevole.

IL TOCCO DELLO CHEF

Ecco una piccola ricetta da fare sempre con le castagne affumicate, perfetta per l'inverno. Prendete delle patate e lessatele; poi cuocete la stessa quantità di castagne, pelatele e affumicatele. Riducete patate e castagne in purea con uno schiacciapatate e aggiungete circa 80 g di formaggio grattugiato (grana), un po' di burro o di olio extravergine d'oliva e otterrete una purea molto particolare. È ottima da servire con formaggi o carni (per esempio fettine, spez-

zatino di capriolo, o foie gras, cioè fegato grasso cotto alla piastra), ma con l'aggiunta di gamberi diventa un piatto di pesce. Lasciata così può essere invece un piatto vegano: infatti, se al posto del burro utilizzate l'olio, non ci sono tra gli ingredienti alimenti di origine animale. Insomma è un piatto un po' furbo, che si presta molto bene a varie declinazioni e modifiche, quindi sbizzarritevi.

COZZE ALLA MARINARA

Questa ricetta nasce da un'osservazione: i gusci di cozza sono bellissimi, neri, lucidi, di forma slanciata, ed è un peccato non poterli servire a tavola. Una volta le cozze si presentavano sempre dentro al loro guscio, era sinonimo di freschezza e qualità, ed era esteticamente accettato: persino il fatto di prendere con le mani il guscio e portarlo alla bocca era considerato un bel gesto. La cucina moderna, al contrario, tende a eliminare tutto quello che non è edibile, quindi anche i gusci che, tra l'altro, sono fastidiosi perché vanno succhiati per mangiare la parte più buona, poi ti rimangono lì vuoti e abbandonati nel piatto e non sono proprio bellissimi a vedersi. Questa preparazione è una via di mezzo tra le due visioni, perché prevede che i gusci diventino commestibili: si possono mangiare con le mani e non ti restano gli scarti a tavola. È un antipasto perfetto da consumare in piedi.

INGREDIENTI per 6 persone

4 fogli di pasta fillo • 24 cozze con il guscio • 20 ml di nero di seppia in bustina • 24 pomodorini Datterini • 1 spicchio d'aglio • scarti di alghe • prezzemolo • timo • 30 ml di vino bianco • olio evo • sale grosso • sale

PREPARAZIONE E COTTURA: 2 ore

···› **ATTENZIONE:** la pasta fillo è di origine greca. A base di acqua e farina, si trova già confezionata ed è così sottile che basta lasciarla all'aria per 3 minuti che si secca subito, quindi tenetela sempre coperta. Si presta a tantissime preparazioni.

···› **ATTENZIONE:** fate sempre attenzione che le cozze siano chiuse quando le comprate, perché se sono aperte vuol dire che non sono fresche. Inoltre sceglietele di provenienza italiana: per il pesce e per i molluschi è sempre molto importante, perché significa che il prodotto ha viaggiato di meno. Fa davvero la differenza.

Per far aprire le cozze, versatele in una pentola con un goccio di olio caldo, lo spicchio di aglio e il prezzemolo e sfumate con il vino bianco; coprite, aspettate 4 minuti, poi togliete dal fuoco. Separate i molluschi dai gusci, che dovete pulire (eliminando eventuali barbette), lavare e asciugare con cura.
Usate i gusci vuoti come stampo: foderatene l'interno (sia del maschio, sia della femmina) con la pasta fillo, infornate a 170 °C fino a ottenere dei gusci color pane: dovrebbero bastare meno di 5 minuti. Quando sono ancora caldi sformateli delicatamente, intingete un pennello da cucina nel *nero di seppia* (lezione n° 53) e usatelo per colorarli uno alla volta, da entrambi i lati. La pasta fillo è molto porosa, assorbe completamente il nero, quindi asciutti diventeranno dei perfetti finti gusci di cozza.
Poi preparate i pomodorini canditi: praticate una piccola incisione sulla buccia con un coltello, buttateli nell'acqua bollente, contate fino a 20, quindi scolateli e metteteli in una ciotola con ghiaccio. Una volta freddi, togliete delicatamente la buccia, disponeteli su una teglia da forno, conditeli con un po' d'olio, timo e sale grosso e cuoceteli in forno a bassa temperatura (120-140 °C al massimo) per 2 ore o 2 ore e mezza (a seconda di quanta acqua contengono, impiegheranno più o meno tempo ad asciugarsi).

SCUOLA *di* CUCINA

LEZIONE N° 53

Il nero di seppia

Il nero di seppia è una delle icone della cucina italiana all'estero. È talmente bello e buono che si presta tantissimo alle preparazioni più diverse.
Il modo più classico per usarlo è in un intingolo, nella famosa "seppia al nero". Pulite la seppia tenendo solamente la testa con i tentacoli e la cuocete in padella. Con tutti gli scarti fate un piccolo fondo di cottura, anche senza cipolla, poi aggiungete il nero, sfumate con un goccio di vino bianco, un po' di acqua, un po' di fumetto di pesce e cuocete. Quindi filtrate il tutto e otterrete una salsa ridotta di nero di seppia che è molto bella da servire a specchio sul piatto, con sopra la seppiolina bianca. Farete un gran figurone con poco.
Un'altra idea, difficile da realizzare a casa, ma veramente ottima, è questa che prepariamo al ristorante: prendete un barattolo da 50 ml di nero di seppia, lo versate su una teglia rivestita con carta da forno e lo mettete a essiccare a 70 °C per almeno un giorno e mezzo (spegnendo il forno di notte e controllando spesso perché potrebbe essere pronto anche prima). Avrete come un carbone completamente secco che va frullato ricavando una polvere (se volete, potete filtrarlo con un colino a maglie fittissime e diventa microscopica). Si usa con il colino da zucchero a velo, per esempio su un risotto bianco con i calamaretti, bello morbido, a contatto con il quale rinviene e si scioglie, creando un effetto lucido stupendo e un sapore eccezionale.

Quando raggrinziscono vuol dire che sono pronti. Fateli raffreddare, asciugateli bene dall'olio con carta assorbente da cucina, quindi con delicatezza inseritene uno in ogni singolo mollusco, in modo che quasi ci si nasconda dentro. Preparate anche le alghe (le danno con le ostriche o potete chiederle al pescivendolo) facendole essiccare in forno a 160 °C per 2-3 ore. Quindi adagiate le cozze all'interno dei finti gusci, aggiungete un pezzo di alga di mare essiccata, coprite con un altro finto guscio e servite spennellando l'interno con un filo d'olio. Per l'impiattamento, in una teglia di ceramica create un letto di alghe essiccate e disponete sopra le cozze: è essenziale, perché altrimenti non stanno neanche dritte nel piatto e non fanno bella figura.

SPAGHETTI ALLA COLATURA DI ALICI

La "colatura" è la spremitura delle alici fresche con il sale grosso ed è una pratica caratteristica di Cetara, un paese in provincia di Salerno. Lì c'è la tradizione di pescare le alici e metterle sotto sale: dalla loro compressione esce questo succo fatto di tutti gli umori del pesce e del sale che li conserva. Va usata con molta parsimonia, ne basta proprio un goccio.
In realtà, qualcosa di simile a questo succo si trova anche nel libro De re coquinaria *dell'autore latino Apicio: era il* garum, *una salsa di condimento di origini antichissime, fatta un po' con tutti gli scarti del pesce, sale e, a volte, anche spezie. Questo sapore di mare, così forte e vero, una volta si usava soprattutto per ovviare al problema della conservazione, oltre che per dare il sapore del pesce. Ma anche in Vietnam esiste un condimento che gli assomiglia molto: si chiama* Nuoc Mam *ed è una via di mezzo tra la colatura di alici e la salsa di cui parla Apicio.*

INGREDIENTI per 4 persone

120 g di spaghetti • 60 g di pomodori maturi (San Marzano, Datterini

o i pomodorini del Vesuvio) • 1 cucchiaio di colatura di alici • 1 spicchio d'aglio • 2 cucchiai di olio evo • sale

PREPARAZIONE E COTTURA: 20 minuti

···› **ATTENZIONE:** io adoro lo spaghettone, mi dà proprio l'idea del "maxi", ma va bene anche uno spaghetto normale. Oltretutto la porzione è piccola perché questo condimento è davvero molto sapido.

Tagliate a metà o a pezzettini i pomodori, versateli in una padella con un l'olio caldo e lo spicchio d'aglio in camicia appena schiacciato, fate appassire leggermente e aggiungete la ***colatura di alici*** (lezione n°54). Lasciate cuocere un minuto, quindi eliminate lo spicchio d'aglio (si toglie sempre una volta che si è scaldato con l'olio, altrimenti dà il peggio di sé).
Cuocete gli spaghetti al dente in acqua bollente salata, scolateli e versateli nella padella del condimento: la salsa sarà bella acquosa ma va bene così, perché la pasta deve terminare la cottura a fiamma dolce e si asciugherà. Attenzione ai tempi: se scolate gli spaghetti quando mancano 2 minuti alla cottura, saltateli in padella per 3 minuti e saranno perfetti. Ma se li scolate quando sono pronti, in padella poi rischiano di stracuocersi, mentre sono buoni quando sono al dente. In base ai vostri gusti potete regolarvi nella salatura, l'importante è equilibrarla.

IL TOCCO DELLO CHEF

Una variante molto, molto, molto forte di questa ricetta consiste nel cuocere la pasta, saltarla con olio e aglio e aggiungere la colatura di alici, senza pomodoro. Si tratta di un condimento in bianco, che io trovo veramente "hard", che va bene per chi ama i sapori decisi e vuole provare qualcosa di unico.

SCUOLA
di CUCINA

LEZIONE N° 54
** Le salse rischiose **

La salse rischiose sono quelle tipo la colatura di alici, che è molto ricca, salata, forte: bisogna dosarla in maniera quasi chirurgica. Ne mettete due gocce, poi assaggiate e, semmai, ne aggiungete ancora un goccino. Non fate l'errore di assaggiare troppe volte, perché altrimenti non capite più niente, vi sembra sempre poca e non riuscite a dosarla bene. Quindi ne mettete prima un cucchiaino da tè e poi, nel caso, ancora un po'. Poi... basta.
Altra salsa rischiosa: il tabasco, soprattutto nella versione classica, che è rossa. A me piace moltissimo il tabasco verde, fatto sempre con i peperoni, però verdi: ha una nota un po' più aromatica e delicata. Se volete dare un pizzico di piccante senza mettere del peperoncino – che magari, se è secco, quando è vecchio non è più tanto piccante, o non lo è se non lo masticate –, allora condite con un po' di tabasco verde.
Io ho una passione pazzesca per tutto quello che riguarda la salsa Worchester, e le salse bitter a base di varie erbe, che si usano per i cocktail o per fare alcune salse a base di maionese. Le migliori salse bitter si preparano in America utilizzando erbe ed estratti e sono di origine farmaceutica. Poi ognuno ha il suo tocco, un po' come le spezie per noi. Ognuno ha il suo bitter e ne esistono mille sfumature: c'è chi usa la liquirizia, chi usa solo erbe, chi usa radici, tipo il ginko biloba o altre. Questi bitter sono buoni da aggiungere sia nelle ***vinaigrette*** (lezione n° 12), per poi condire un'insalata o un pesce, oppure per completare una salsa: bastano 2-3 gocce e danno una nota molto bella, fresca e aromatica. Però, fate sempre attenzione alle dosi.

SOUFFLÉ AL FRUTTO DELLA PASSIONE

Io l'ho mangiato per la prima volta da uno dei più bravi chef che ci siano, Fredy Girardet, un grande. Uno dei suoi dolci più conosciuti era questo.
Il soufflé, in effetti, è un classico dolce da ristorante. Non si può vendere in pasticceria perché va preparato al momento e una volta pronto deve essere servito subito: dura più o meno un minuto e mezzo, poi va giù. Non è una ricetta facile, anzi, ha un grado di difficoltà molto alto. Non a caso era la prova finale di MasterChef America. Ci vuole molta "mano": bisogna conoscere bene il forno, avere lo stampo giusto, seguire bene tutti i procedimenti. Se il soufflé cuoce poco rimane molle e non lievita, se cuoce troppo diventa duro e si sgonfia. In ogni caso, non se ne prepara mai uno, ma minimo tre, sempre uno o due in più rispetto al numero dei commensali: sarà la scorta che vi salverà nel caso non ve ne riuscisse qualcuno.

INGREDIENTI per 8 persone

250 ml di succo di frutto della passione • 500 ml di panna fresca • 2 tuorli • 225 g di zucchero • 100 g di albume • 18 g di farina 00 • burro • zucchero di canna

PREPARAZIONE E COTTURA: 40 minuti

···› ATTENZIONE: il succo di frutto della passione si può comprare già pronto, ma deve essere buono – se possibile, è sempre meglio assaggiarlo prima – oppure potete farlo da voi. Acquistate un chilo di frutti della passione belli maturi, quasi passiti (non quelli verdi che sono ancora rigidi), tagliate ogni frutto a metà e con un cucchiaio prelevate tutto quello che c'è dentro: semi neri, acquetta, filamenti arancioni. Frullate leggermente con 3-4 cucchiai d'acqua, filtrate e otterrete il succo.

Riducete la panna: versatela in una casseruola larga e bassa, fate bollire fino a ottenere la metà del peso iniziale (lo vedrete confrontandolo con il segno della quantità di liquido all'inizio), poi mettetela a raffreddare in freezer (senza farla ghiacciare però) e conservatela in frigorifero. Quindi in una pentola mescolate bene con la frusta la panna, il succo, i tuorli, 200 g di zucchero e la farina, ponete sul fuoco e continuate a girare. Quando inizia a bollire, lasciate cuocere per 2 minuti, poi levate dal fuoco e, come prima, raffreddate velocemente il composto in freezer e conservatelo in frigorifero: questa è la base del soufflé.
Trasferite 100 g di questa base in una bastardella (è una dose un po' grande, ma nei soufflé è difficile lavorare con dosi più piccole, casomai mettete via quella che avanza: in frigorifero si conserva per 3 giorni al massimo). A parte montate a neve gli albumi con 25 g di zucchero – senza esagerare – e versateli nella bastardella, incorporandoli piano piano. Spennellate con un po' di burro fuso gli stampi da soufflé in ceramica (sono molto alti, tipici), foderateli con un po' di zucchero, anche di canna, e versateci il composto. Mettetene tanto, fin proprio all'orlo dello stampo, lisciando la superficie con una spatola così da schiacciarlo un po'. Con il pollice girate intorno lo stampo in modo da staccare il cappello (lo stampo da soufflé ha questo piccolo gradino in cima). Una volta preparati i soufflé monoporzione, cuocetene 4 alla volta in forno a 195 °C per circa 10 minuti: se avete un forno più veloce saranno pronti anche prima, l'importante è che la temperatura non venga mai cambiata e non superi mai i 200 °C. Questa è la cottura giusta: il cuore rimane morbido e tutto intorno è cotto, ma non troppo. Servite immediatamente.

SCUOLA *di* CUCINA

LEZIONE N° 55
* *Soufflé alla vaniglia* *

Uno dei soufflè per antonomasia è quello alla vaniglia, che è proprio un classico. Quando ho lavorato a Montecarlo, all'Hôtel de Paris, si faceva così, alla vecchia maniera. La base era una crema pasticcera molto corposa, a cui veniva aggiunto l'albume montato a neve. Il risultato era un soufflè che stava in piedi anche una volta tagliato e andava servito al cucchiaio perché si usavano stampi grandi per 3-4 persone. Il procedimento è questo: fate bollire 250 ml di latte con ½ stecca di vaniglia fresca (lo capite perché al tatto il baccello è morbido, a me poi piace particolarmente quella di Thaiti) che avrete già inciso e grattato con la punta del coltello. A parte in una bastardella unite 70 g di zucchero, un uovo intero e un tuorlo e mescolate con la frusta. Setacciate 50 g di farina e li aggiungete al contenuto della bastardella, quindi versate il tutto nel latte, fuori dal fuoco, incorporate bene poi cuocete ancora per 3-4 minuti a fuoco lento. Togliete il baccello di vaniglia e fate raffreddare il composto, quindi ne prendete 200 g e vi incorporate 250 g di albumi già montati a neve con 80 g di zucchero. Imburrate e zuccherate molto attentamente uno stampo da sufflè grande, versatevi il composto e lisciate il bordo con il dito. Infornate a 170 °C per 16 minuti. Difficilmente il soufflè alla vaniglia si smonta e il bello è che resta gonfio più a lungo dopo averlo sformato: è molto difficile che non vi riesca perché è solo una questione di precisione nelle dosi degli ingredienti. Gli errori più comuni che si possono commettere quando fate il soufflè, compromettendone la buona riuscita, sono imburrare male lo stampino (per cui poi il sufflè si attacca ai bordi e non lievita, oppure si gonfia tutto da una parte) e smontare l'impasto quando alla base incorporate gli albumi montati a neve: in questo caso non riuscite più a recuperarlo e dovete buttare via tutto.

IL TOCCO DELLO CHEF

Uno dei segreti per servire questo soufflé è inciderlo con un cucchiaio, in modo da aprire una fessura, e versarci dentro una salsa. Nel nostro ristorante, per esempio, usiamo una purea di pere fresca, delicatissima e setosa. Per prepararla usate pere molto mature, lavatele, sbucciatele, togliete il torsolo e tagliatele a dadini. Fatele cuocere senza zucchero (se però volete usarlo, aggiungete solo mezzo cucchiaio di zucchero di canna), un pezzettino di burro e un goccio di limone, perché non diventi nera. Frullate, lasciate raffreddare e, se è troppo densa, allungate con un goccino d'acqua. Mettetene 2 cucchiai e mezzo in ogni soufflé: non abusatene, se no deborda.

FRUTTA ESSICCATA AL NATURALE

Per creare questa ricetta, siamo partiti da quella delle verdure essiccate al naturale, che è stata una delle prime che abbiamo preparato al ristorante e che ha avuto molto successo proprio perché è un'idea forte, ma in sé è davvero semplice e buona. Così abbiamo pensato di fare lo stesso con la frutta: ananas, pere, mele, arance, kiwi e mango si prestano particolarmente a questo genere di trattamento. Se in casa avete un essiccatore, provateci: è facile, fa una gran scena ed è proprio una delizia.

INGREDIENTI per 6 persone

1/2 ananas • 1 pera • 1 mela • 1 arancia • 2 kiwi • 1 mango • 500 g di zucchero • 500 ml di acqua

PREPARAZIONE E COTTURA: 3 ore

…› ATTENZIONE: servono assolutamente due attrezzi fondamentali: un'affettatrice, che vi aiuta a tagliare in modo molto sottile e uniforme, e un essiccatore. Se invece volete sperimentare l'***essiccazione in forno*** (lezione n° 56), seguite bene le mie indicazioni.

Pelate l'ananas molto bene in modo che resti solo la polpa, poi tagliatela a metà ed eliminate il torsolo al centro, che è troppo duro. Poi prendete anche il resto della frutta (che non deve essere troppo matura, anzi è meglio che sia proprio solo all'inizio della maturazione) senza sbucciarla (perché la buccia serve a tagliare in maniera uniforme) e con un'affettatrice tagliatela a fettine spesse circa 0,5 mm. Il mango ha il nocciolo in mezzo quindi dovete affettarlo prima da un lato poi dall'altro; mentre di arancia, mela, pera e kiwi potete usare tutto.
Terminata questa operazione, preparate lo sciroppo di zucchero (le dosi sono in rapporto 1:1, quindi per 100 ml di acqua userete 100 g di zucchero): mettete lo zucchero nell'acqua, versate tutto in un pentolino, portate a ebollizione e lasciate bollire per 2 minuti. Immergete la frutta nello sciroppo a freddo aiutandovi con una pinza, scolatela dall'eccesso di liquido e lasciatela asciugare leggermente su una teglia o un piatto ricoperto di carta da forno. Quindi disponetela su una teglia tra due fogli di Silpat (una specie di silicone che si usa nella pasticceria da forno) o di carta da forno e passatela nell'essiccatore. Se non avete l'essiccatore potete usare il forno normale scaldato a 60-75 °C, controllando continuamente finché non avrete raggiunto il risultato desiderato.
I segreti per ottenere un'essiccazione perfetta sono due: non mettere ad asciugare troppa frutta tutta assieme (perché se no si crea eccessiva umidità) e non mescolarla mai: ogni frutto si asciuga in tempi e modi diversi, quindi dovete lavorarne uno per volta, in modo da avere sempre un'essiccatura uniforme.
Una volta pronta, vi suggerisco di riporre la frutta in una scatola di plastica per alimenti con del sale di silicio, che eliminerà l'umidità e vi permetterà di conservarla più a lungo: mettetelo nella scatola,

copritelo con carta da forno e riponete sopra la frutta. Il sale di silicio lo trovate nei negozi specializzati in pasticceria e costa molto, ma potete rigenerarlo quando avrà smesso di asciugare efficacemente (lo capite perché cambia colore): basta infornarlo a 200 °C, muovendolo un po' finché non sarà tornato blu. Lo fate raffreddare e lo riutilizzate.

SCUOLA *di* CUCINA

LEZIONE N° 56
* *L'essiccazione in forno* *

L'essiccazione in forno è possibile anche se un po' più difficile. Innanzitutto dipende dal forno che avete. Se ne avete uno vecchio, a gas, mettetelo a fiammella minima (la temperatura giusta si capisce quando mettete dentro una mano e sentite che inizia a scottarsi): il calore che produce favorisce l'essiccatura perché elimina subito l'umidità. Se invece avete il forno elettrico ventilato, vi consiglio di tenere lo sportello aperto, in modo che l'umidità esca, e di chiudere solo ogni tanto, per mantenere la temperatura. Se avete la valvola di sfogo per l'umidità, apritela completamente e tenete pure lo sportello chiuso. Ricordate anche di non mettete mai troppi alimenti a essiccare contemporaneamente, altrimenti si crea eccessiva umidità.
Nel caso della frutta, la temperatura del forno non deve superare i 75 °C (altrimenti brucia) e, soprattutto, deve rimanere costante. Ma oltre alla frutta si possono essiccare le verdure e anche le patate: le fate bollire, poi le schiacciate ottenendo una purea molto fine e ci mettete qualche profumo (per esempio della paprika), una spezia o un'erba aromatica a piacere. Poi impastate, aggiungete un po' di formaggio, la stendete sottile, la fate asciugare in forno a 80-90 °C e otterrete un biscotto di patata profumato.
L'importante, nell'essicazione, è sempre farla al momento, in giornata. Poi, prima di servire, potete riprenderla posizionando ciò che avete essiccato vicino alla bocca del forno acceso, in modo che si asciughi completamente.

Carlo Cracco

TUORLO D'UOVO MARINATO CON FONDUTA DI PARMIGIANO (E CIALDA DI PANE CROCCANTE)

Il tuorlo d'uovo marinato nasce intorno al 2002. È il frutto di un lungo processo messo in moto soprattutto dalla voglia di fare cose nuove. Io, Matteo e Diego eravamo partiti dal fatto che quasi tutte le ricette a base di uova sono ricette tradizionali, che arrivano spesso dalla cucina francese, dall'Ottocento in poi. Cose nuove non ne erano state fatte: omelette e uova al tegamino sono entrambe preparazioni molto vecchie. L'uovo in sé in effetti non è mai stato preso in grande considerazione. Noi abbiamo invece deciso di metterlo al centro del piatto, non più come ingrediente di accompagnamento, complemento, unione, valorizzazione, ma come elemento principale.
Siamo partiti dal sale e dallo zucchero, che di fatto sono due conservanti, e abbiamo cercato di usarli per marinare l'uovo. I primi esperimenti non sono andati bene perché sale e zucchero sono molto più pesanti di un tuorlo: l'uovo si rompeva – e quando un uovo marinato si rompe è da buttare, non si può fare niente – oppure risultava tutto macchiato perché schiacciato dal peso. Allora ci siamo sforzati di trovare un modo per creare l'uovo perfetto, bello rotondo. Abbiamo scoperto che potevamo riuscirci utilizzando una purea di fagioli borlotti (secchi o freschi è indifferente, l'importante è spendere poco, perché questo è uno dei pochi casi in cui la marinatura poi si butta via). L'invenzione di un piatto come questo ti fa capire quanto lavoro ci possa essere dietro un singolo ingrediente. Ed è bello scoprire come, attraverso il ripensamento di un ingrediente, si possa arrivare a stravolgerlo fino a renderlo – nel caso dell'uovo – nobile quanto gli altri.

INGREDIENTI per 6 persone

Per i tuorli marinati:
10 uova • 125 g di sale grosso • 30 g di fagioli (secchi o freschi) • 45 g di zucchero • 25 ml di acqua • olio evo • sale

Per la fonduta:
500 g di Parmigiano Reggiano • 6-7 g di agar agar • 1 l d'acqua

Per la cialda:
100 g di pane grattugiato • 100 di burro

PREPARAZIONE E COTTURA: 50 minuti + 7 ore di marinatura

····› ATTENZIONE: preferisco usare il sale affumicato, toglie completamente il retrogusto un po' forte dell'uovo (lo fa anche il sale grosso normale, ma meno) e lascia un buon sapore di affumicato, di tostatura. Preferite un sale non troppo affumicato, se no diventa eccessivo.

····› ATTENZIONE: al posto di quello di gallina, potete usare l'uovo di quaglia: si tratta alla stessa maniera. È un ovetto in miniatura, con cui si possono fare le stesse ricette, ovviamente riducendo i tempi di cottura perché essendo più piccolo si fa prima. Oltre a essere molto bello da utilizzare, consente delle variazioni rispetto all'uovo normale e grazie alla dimensione ridotta, si presta a preparare finger food o cibi al cucchiaio.

Se usate i fagioli secchi, metteteli a bagno la sera prima; fateli cuocere per 30 minuti in abbondante acqua bollente senza sale, scolateli (tenendo da parte un po' di acqua) e frullateli fino a ottenere una purea. Preparate l'impasto per la marinatura mescolando in una bastardella sale grosso, zucchero, un po' di acqua

di cottura e la purea di fagioli. Rompete le uova sempre prima in una bacinella e poi raccogliete il tuorlo con le dita, togliendo bene l'albume. Fate uno strato di impasto di marinatura sul fondo di stampini alti circa 4 cm (in alternativa vanno bene anche bicchieri o ciotoline), quindi appoggiate con delicatezza il tuorlo e coprite con un altro strato.
Fate marinare per circa 7 ore a temperatura ambiente (se l'ambiente è molto freddo ci mette di più, se è caldo ci mette di meno), girando l'uovo con l'aiuto di un cucchiaio dopo 3-4 ore. La reazione che la marinatura produce è di far uscire l'acqua dal tuorlo, rendendolo più compatto e caramellizzando lo strato esterno: l'interno rimane morbido, ma tutto intorno si sarà creata una sorta di crosticina. In realtà il sale fa sì che si cuocia anche un po', assumendo un aspetto traslucido molto bello. E grazie ai fagioli si ottiene una bellissima forma, rotonda.
Una volta pronto, prendete il tuorlo con le mani, delicatamente, e lavatelo sotto l'acqua corrente per togliere tutte le impurità e le tracce di sale e zucchero. Appoggiatelo su carta assorbente da cucina per asciugare l'acqua, quindi su un foglio di carta da forno unta con un filo d'olio, sempre utilizzando le mani o eventualmente una spatola. Procedete allo stesso modo per gli altri tuorli, quindi copriteli e metteteli in frigo, che è il posto migliore dove conservarli. A questo punto il processo di marinatura si arresta: il tuorlo così preparato dura qualche giorno, quindi è meglio fare tutto il giorno prima di servirlo.
Per la fonduta, fate bollire il grana grattugiato con un litro d'acqua e, quando si sarà sciolto, separate con un colino la parte grassa da quella acquosa. Aggiungete alla parte acquosa l'***agar agar*** (lezione n° 18), cuocete per 3-4 minuti, quindi lasciate raffreddare per un paio d'ore in frigo, o per 20 minuti nell'abbattitore. A quel punto avrete una massa "plasticosa": frullatela fino a ottenere una crema morbidissima di formaggio, senza grasso, perfetta con l'uovo.
Per la cialda croccante, versate il pane grattugiato in una padella con il burro e fate tostare per 3-4 minuti, poi, quando il burro è

stato ben assorbito dal pane, rovesciatelo tra due fogli di carta forno e stendetelo con il mattarello finché non diventa sottile sottile, circa 2 mm. Mettete nel congelatore per fare indurire, quindi tagliate dei tondi con un coppapasta leggermente più grande dell'uovo (4 cm di diametro) e conservateli in congelatore perché sono molto fragili.
Servite il tuorlo marinato appoggiandolo su un disco di pane e completate con la fonduta: la cialda di pane, accostata agli altri ingredienti, dà al piatto un tocco di croccante molto piacevole. Non dimenticate di mettere un pizzico di sale sul tuorlo, per non lasciarlo troppo dolce. Come finitura, potete utilizzare un filo di *jus di carne* (lezione n° 11), o dei germogli di erbe o di crescione.

SCUOLA *di* CUCINA

LEZIONE N° 57
* *La* pâte à bombe *

Sempre a base di uova è una delle basi importanti della pasticceria: la *pâte à bombe*. Mentre la meringa all'italiana viene usata per i semifreddi a base di frutta (ed è molto italiana, appunto, e leggera), in Francia si usa la *pâte à bombe* come base per le creme. Purtroppo si può realizzare solo con la planetaria.
In un pentolino, portare alla temperatura di 121 °C (controllate con il termometro perché dovete essere precisi) 125 g di zucchero semolato con 50 g d'acqua, nel frattempo, montate a neve 4-5 tuorli nella planetaria. A questi aggiungere lentamente, con molta delicatezza, acqua e zucchero a 121 °C. Continuate a montare finché non si sarà raffreddato tutto il composto. La *pâte à bombe* è pronta e potete usarla come base, per esempio, per semifreddi al caffè o al cioccolato. L'alto grado di difficoltà è dovuto alla necessità di versare il liquido caldo nei tuorli freddi: bisogna essere molto abili, attenti e versarlo poco alla volta altrimenti si rischia di fare una vera e propria frittata.

IL TOCCO DELLO CHEF

Per accompagnare il tuorlo diventato protagonista, esistono un sacco di possibilità: cavolfiore, funghi, tartufi. L'importante è sempre capire il resto del menu in modo da dargli equilibrio. Inoltre, ricordate che l'uovo, essendo tutta proteina, tende ad attaccarsi ai denti: per questo nella guarnizione scegliete sempre un accompagnamento morbido, meglio se in forma di purea, non alimenti asciutti o secchi.
Versate 2-3 albumi leggermente sbattuti tra due fogli di carta da forno unti con un filo d'olio, chiudete tutti i bordi e stendete bene con le mani, piano piano, per evitare che l'uovo fuoriesca. Cuocete in forno a 160 °C per 2-3 minuti, non troppo: otterrete una specie di ragnatela, che si può mettere come guarnizione tra fonduta e uovo.
Le uova marinate che avanzano (anche in questo caso, infatti, vale la regola di prepararne qualcuno in più nel caso si rompessero) possono essere fatte asciugare all'aria aperta in un posto fresco e areato: quando i tuorli sono duri duri duri, sembrano quasi bottarga. A quel punto si possono tagliare sottili o grattugiare, per condire una pasta o altro. Io al ristorante li uso per condire la pasta all'uovo fresca grattugiandoli proprio come fossero una bottarga di tonno.

ZABAIONE CON SAVOIARDI

Anche questo è un ricordo molto lontano: i savoiardi sono stati la mia prova d'esame alla scuola alberghiera (ho preso 8!). Sono proprio il classico biscotto da zabaione e ovviamente dovete prepararli voi in casa. Spesso si fa confusione tra due tipi di zabaione: uno che si serve freddo e che è molto spesso, l'altro più legge-

ro e spumoso, fatto al momento e servito tiepido. Pochi hanno in mente questa differenza e pensano che sia la stessa ricetta. La prima è quella che forse mi piace di più.

INGREDIENTI per 4 persone

Per lo zabaione freddo:
4 tuorli • 4 cucchiai di zucchero • 4 cucchiai di rum buono
(in generale: calcolate per ogni uovo 1 cucchiaio di zucchero e 1 cucchiaio di rum)

Per lo zabaione caldo:
4 tuorli • 4 cucchiai di zucchero • 8 cucchiai di Moscato (o 4 cucchiai di Marsala secco)

PREPARAZIONE E COTTURA: 20 minuti

…› **ATTENZIONE:** utilizzate un rum buono, non "da battaglia". Senza esagerare, non occorre spendere 200 euro, va bene una bottiglia da 20-30 euro. Per le dosi, di solito io consiglio di usare almeno 4-5 tuorli.

…› **ATTENZIONE:** se usate il Marsala, mi raccomando comprate quello secco, da fighi, che tutto il mondo ci invidia (e non quello dolce all'uovo, che non è neanche Marsala). È buonissimo, per me è il massimo.

Per lo zabaione freddo: mettete nella bastardella (se non ce l'avete usate qualcosa di simile, un recipiente semisferico) uova, zucchero e rum, appoggiatela su una pentola di acqua che bolle e cuocete dando aria con la frusta. Ci vogliono circa 12-15 minuti e la cottura è difficilissima: se lo cuocete troppo lo zabaione "straccia", cioè diventa una stracciatella di uova, invece, se lo cuocete

poco non tiene. Il riscaldamento deve essere lento ma progressivo. Quando vedete che ispessisce, diventa corposo, quasi si restringe, vuol dire che è il momento giusto: togliete dal fuoco, versate in un mixer o in una sbattitrice con la frusta e fatelo raffreddare continuando a mescolare piano piano. Una volta freddo mettetelo in frigo per almeno un'ora o 2: lo potete usare sopra un dessert o una torta, come guarnizione, o in tante altre maniere.
Lo zabaione caldo preparatelo sempre nella bastardella, a bagnomaria, seguendo lo stesso procedimento usato per quello freddo: il vostro zabaione sarà molto spumoso. Però servitelo caldo, al momento, versato nelle coppe e accompagnato con dei *savoiardi* (lezione n° 58) e, se volete esagerare, con della panna. Questo è

SCUOLA *di* CUCINA

LEZIONE N° 58
* *I savoiardi* *

Montate 180 g di tuorli d'uovo con 90 g di zucchero in uno sbattitore. A parte montate anche 150 g di albume con altri 90 g di zucchero e setacciate 150 g di farina 00 con 90 g di fecola, per togliere tutti i grumi e renderla setosa.
Unite tuorli e albumi piano piano, mescolando delicatamente (si può fare anche con le mani), quindi aggiungete la farina, sempre piano piano piano. Incorporatela bene: con un cucchiaio, partite dall'alto, andate verso il basso e tirare su. Una volta ottenuto l'impasto, inseritelo in un sac à poche, tagliate una bocca larghina, e su una teglia coperta con carta da forno create delle strisce un po' spesse, come dei rettangolini stretti, ma leggermente alti. Spolverizzate con un po' di zucchero a velo, quindi infornate e fate cuocere a 180 °C per 4-6 minuti: vedrete il vostro biscotto che va un po' giù e assume l'aspetto del savoiardo classico, tutto crepato sopra per via dello zucchero. Tirate fuori dal forno, staccate e servite. Avrete preparato i migliori savoiardi della vostra vita!

uno zabaione completamente diverso, molto più arioso e spumoso, che bisogna gustare subito: tirato via dal fuoco va portato in sala o, nel vostro caso, in tavola. Lo mettete in mezzo al tavolo con un mestolino (e dei savoiardi) e ognuno si serve.

IL TOCCO DELLO CHEF

Ecco un piatto mitico di quando lavoravo in Piemonte, alla "Locanda le Clivie", il primo ristorante che ho comprato, nel 1996, dopo aver lasciato Marchesi.
Prendete un po' di caffè ridotto (cioè polvere di caffè liofilizzato), aggiungete un goccio d'acqua, in maniera da creare quasi una crema di caffè molto spessa e mettetela sul fondo di una ciotolina. Fate una panna semimontata (montata a metà), versatela sopra e completate con un cucchiaino di zabaione al rum. A questo punto tuffate nel dessert il cucchiaino e, partendo dal basso, prendete su tutto: è una roba da andar fuori di testa, un dolce fantastico.

PATATE SOUFFLÉ

Questa preparazione è davvero complicata, una prova di cucina a livelli veramente alti. È uno dei piatti che facevo spesso a Montecarlo, dove ho iniziato a lavorare nel 1988, due anni dopo l'apertura del ristorante di Ducasse, che era proprio all'inizio della sua carriera. Ci sono arrivato tra mille difficoltà, non era semplice andarci a lavorare: un cuoco italiano, in Francia, non era proprio così ben visto. Sono rimasto lì due anni e nel 1990 abbiamo preso le tre stelle Michelin. Ho un bel ricordo di quel periodo: Montecarlo mi piaceva perché era una città di cui avevo letto molto, ho imparato a parlare bene la lingua, ho appreso le basi della cucina francese...

Poi mi sono spostato a Parigi. A Montecarlo questa ricetta era un po' un banco di prova per gli ultimi arrivati. Ti dicevano: "Vediamo se sei capace di farla" e se ti riusciva, bene, poi potevi stare tranquillo, altrimenti ti toccava rifarla in continuazione, finché non ti veniva perfetta. A me è venuta bene la prima volta, per fortuna. Era motivo di orgoglio e per questo la ricordo sempre con piacere.

INGREDIENTI per 4 persone

8 patate • 3-4 l di olio d'oliva per friggere • sale

PREPARAZIONE E COTTURA: 25 minuti

···› ATTENZIONE: friggete sempre le patate in olio d'oliva e usate prevalentemente quelle nuove (non novelle, che sono quelle piccole), di taglia medio-grande.

Pelate le *patate* (lezione n° 59) e, usando uno stampino ovale (o uno rotondo da 5 cm di diametro, che fate diventare ovale schiacciando), date loro forma: le pareggiate, le lisciate fino a farle diventare delle ovaline perfette. Fatto questo, con la mandolina tagliatele a fette molto sottili, circa 1,5-2 mm di spessore, tenendo solo quelle perfette e scartando quelle troppo sottili o troppo grosse. Eseguite tutte queste operazioni senza mai passarle nell'acqua, mi raccomando.
Mettete l'olio a scaldare a 160-170 °C, in una pentola in ghisa ovale e più alta di una padella. Quando è pronto, fate scivolare dentro le patate una alla volta, senza metterne troppe insieme, e muovete la pentola avanti e indietro, dando piccoli colpi (fate attenzione a non scottarvi), per far sì che l'olio ondeggi, il movimento è come quello che si fa sulla culla di un bambino: nel giro di 4 minuti la patata si scalda, inizia a friggere e poi, a un certo punto, si divide in due, nel senso che inizia a gonfiarsi da un lato e poi dall'altro.

È una cosa fantastica da vedere. Anche quando comincia a gonfiarsi, dovete continuare a muovere la padella, in maniera costante senza fermarvi. Una volta che si sono gonfiate per bene, passatele con estrema delicatezza, ma rapidamente, in un'altra pentola in cui avrete scaldato l'olio a 180-190 °C, lì finiranno di cuocersi e non potranno più sgonfiarsi (attenzione, perché, se le togliete dall'olio quando non sono pronte, si sgonfiano).
Otterrete delle patate che all'interno sono perfettamente vuote. Scolatele, depositatele sulla carta assorbente da cucina, poi servitele con un pizzico di sale. Potete usarle per accompagnare una bistecca, una costata, del vitello e, in generale, la carne.

SCUOLA *di* CUCINA

LEZIONE N° 59
*** Le patate ***

Non pensate che la patata sia un alimento banale o volgare. Ogni patata ha il suo perché ed è bello capire se è ricca di amido, se è fresca, se è una patata che va bene da friggere, se è gialla o bianca. È importante conoscere le differenze e comprendere come vanno utilizzate perché così si ottengono risultati migliori.
Esistono moltissime qualità diverse (in Francia, per esempio, ci sono almeno 14-15 classificazioni): le patate di montagna, che sono molto più asciutte e si usano per fare gli gnocchi; le patate novelle che sono perfette da fare al forno, perché sono più fresche e più dolci.
Sono molto versatili, un po' come il riso. Essendo neutre si prestano a tutte le cotture: bollite, arrosto, fritte. Potete anche farci una purea (che piace a tutti) ricca, che è più buona, soffice e morbida, oppure più asciutta, alla vecchia maniera, dove la patata è ancora dura. Bastano burro, latte, grana e noce moscata. Ma la patata anche in padella è buona: la tagliate sottile, la fate rosolare bene, poi ci

mettete dei pezzettini di prosciutto, di pancetta, un po' di erbe, di alloro, ed ecco già un piatto unico. Se poi ci buttate dentro anche del maiale avanzato o dei pezzettini di arrosto, diventa ancora più saporita. Oppure un po' di spezie e diventa un piatto vegetariano; o ancora del formaggio e fate gratinare.
Se volete preparare una purea dovete usare una patata che non abbia molto amido, quindi matura, magari non una nuova, ma una che abbia già 6-7 mesi e sia ben conservata, a pasta gialla. Se volete invece fare le patate al forno, usate sempre quelle a pasta gialla ma nuove, oppure anche quelle rosa. Se avete quelle novelle, mettetele in forno direttamente con la buccia: diventa croccantina, molto particolare e saporita.
Una patata che a me piace moltissimo l'abbiamo fatta una volta io, Matteo e Diego al ristorante e poi l'abbiamo usata molto anche come guarnizione. Preparate le patate ponte nuovo (cioè tagliate a forma di bastoncino alto 5-7 cm e largo 1,5-2 cm, tutte uguali) le cuocete al vapore, poi condite con un po' di olio e paprika dolce e le lasciate lì a raffreddare: la paprika entra nella patata e la rende quasi rossa, in più l'olio aggiunge un po' di sapore. Condite con un po' di sale e avrete un piatto fantastico. Noi le servivamo con il rognone.

ROMBO IN CROSTA DI CACAO

Il pesce al sale è un ricordo che ho da sempre. Quando ho iniziato a lavorare si faceva spessissimo: si impastava il sale con l'acqua, si metteva qualche erba aromatica, si copriva il pesce in modo da fare la crosta e si metteva in forno. Il pesce era buonissimo, soprattutto se appena pescato, molto saporito. Mi ricorda anche quando lavoravo da Marchesi, a Milano. Facemmo la crosta di sale ma impastata in

maniera diversa. Non più il sale e basta, era un po' troppo semplice e "volgare", il sale andava "mediato" con un impasto a base di uova e farina. La cottura era semplicissima ma già più raffinata, aveva un profumo buonissimo perché c'erano tutte queste erbe: dragoncello, cipollina, cerfoglio, origano, santoreggia, nepetella ecc.
Poi, qui a Milano, con Matteo Baronetto abbiamo deciso di preparare anche noi qualcosa al sale ed è così che è nata la crosta di cacao. In questo caso usiamo il gruè di cacao, cioè le fave tostate da cui poi si ricava la cioccolata, che sono una spezia a tutti gli effetti. Sono molto dolci nel profumo, ma di fatto sapide nel gusto: se ne schiacciate una e la mettete in bocca sentirete salato. Gira insomma sul salato, più che sul dolce. Però hanno il profumo del cioccolato, un profumo che tutti consideriamo irresistibile. Quindi abbiamo preso una parte di sale, una parte di cacao in polvere e una parte di gruè di cacao, abbiamo aggiunto i tuorli e la farina e abbiamo ottenuto un impasto marrone scuro. Questo impasto viene messo intorno al rombo, che si presta molto bene a essere tagliato in due per essere servito: si ottiene un pesce che ha un profumo forte di cacao, ma allo stesso tempo è salato. Ha sfumature incredibili.

INGREDIENTI per 3-4 persone

1 rombo (circa 600 g) • 600 g di gruè di cacao (si trova in pasticcerie ben fornite o su internet) • 250 g di sale Maldon • 230 g di albume • 210 g di farina 00 • 75 g di cacao in polvere • 15 g di tuorlo • olio evo

PREPARAZIONE E COTTURA: 50 minuti

···› ATTENZIONE: quando preparate l'impasto per la crosta al sale, fatene un po' di più perché va messo nell'impastatrice. Potete prepararlo, stenderlo e metterlo in frigorifero, dove si conserva per qualche giorno. Ricordate anche che non potete farlo per un rombo e basta: non si esprimerebbe il potenziale dell'impasto. Queste dosi vanno bene per 3-4 pezzi di rombo.

Pulite il rombo, lo eviscerate, scartate la testa e con un coltello molto grande lo tagliate in due parti (altrimenti ci vuole un forno enorme per cuocerlo!) lasciando la pelle. Mescolate il gruè di cacao, il sale, la farina, il cacao, i tuorli e gli albumi e impastate, anche a mano se volete: quando l'impasto è amalgamato bene, dividetelo in pezzi e appoggiateli uno alla volta su un foglio di carta da forno, unto con un filo d'olio. Coprite con un altro foglio di carta da forno e stendete la pasta all'incirca della forma del rombo. Togliete il foglio superiore e appoggiate il pesce direttamente sull'impasto di sale, quindi copritelo con un altro strato di impasto e con il pollice chiudetelo bene all'interno, sigillando tutto intorno. Spennellate con un po' di olio e mettete in forno preriscaldato a 250 °C, per circa 20 minuti. Dopo 20-25 minuti, se volete, infilate un termometro attraverso la crosta, delicatamente, senza rompere tutto: dovrebbe avere una temperatura interna intorno ai 40-45 °C, se è così vuol dire che è pronto.
Al momento di servire, spaccate la crosta di sale tutto intorno con un coltello, togliete il "cappello", private il pesce della pelle e servite il filetto superiore, poi girate il rombo e prelevate anche il filetto sotto: sarà fantastico, con sapori e profumi incredibili.
In questo caso, una guarnizione vale l'altra, l'importante è rispettare dei canoni: si tratta di un pesce cotto al forno con un sapore delicato, ma intenso, per cui ci stanno bene puntarelle, patate o spinaci. Il bello, comunque, è mangiare il pesce da solo, con un filo d'olio e basta.

IL TOCCO DELLO CHEF

Quando pulite il rombo e scartate la testa, recuperate le guance, che si trovano tra la bocca e l'occhio. Con un coltellino piccolo e un movimento semicircolare le estraete e potete mangiarle anche crude: sono buonissime.

SCUOLA *di* CUCINA

LEZIONE N° 60

La cottura al sale

Questo tipo di cottura è fantastico, perché è naturale. Prendete 3 kg di sale (vi basta per circa 1,5 kg di pesce) e li impastate con 200 g di albume. Fate un letto con questo composto e sopra ci appoggiate il pesce già pulito e condito con mezzo limone, aglio e finocchio selvatico. Coprite con altro impasto di sale e modellate. Il pesce deve essere intero, con anche la pelle, ma desquamato. Adagiatelo in una teglia, infornate, fatelo cuocere, quindi spaccate la crosta e servite: non potete portarlo in tavola ancora in crosta perché rischiate che rimanga del sale attaccato alla polpa, che rovinerebbe il sapore. Una cosa semplice ma di scena, che potete anche servire così com'è, si prepara con 300 g di farina 00, 250 g sale di Cervia, 75 g di erbe in polvere, 230 g di albume e 15 g di tuorlo: impastate tutto, ci avvolgete il pesce e fate cuocere in forno sempre per lo stesso tempo. Questa crosta di sale ha un sapore più delicato, quindi potete portare in tavola il pesce senza eliminarla prima: il sapore è perfetto e fate una bella scena mostrando quello che avete fatto. Solo a questo punto tagliate la crosta tutt'attorno con un coltellino da tavola, scoperchiate la parte superiore alla quale di solito resta attaccata parte della pelle, poi pulite bene, staccate la carne dalla lisca centrale e servite. Basta un filo d'olio ed è perfetto.

INDICI

INDICE DELLE PORTATE

ANTIPASTI

Arancini 180

Cozze alla marinara 206

Grissini piemontesi: tre varianti 159

Polpa di pomodoro con mozzarella e semi di basilico 82

Sformato di caponata 98

Sgombro e acquadelle in carpione 106

Tartellette vegetariane 149

I PRIMI

Bucatini all'amatriciana 29

Corzetti al sugo di noci 146

Crema di broccoli 54

Crema di carote e curcuma 73

Crema di castagne affumicate, lenticchie e
frutto della passione 201

Crema (mista) di zucchine 80

Garganelli con ragù d'anatra 121

Gnocchi al sugo di pesce 194

Gnocchi con sauté di funghi 118

Gnocchi ripieni 113

Lasagne al ragù 129

Pasta e fagioli 144

Risotto allo zafferano e midollo 49

Risotto di pesce 199

Spaghetti al pomodoro 24

Spaghetti alla chitarra con ricci di mare e caffè 162

Spaghetti alla colatura di alici 211

Tagliolini al tartufo bianco 132

Tortellini con brodo di castagne, funghi porcini e salicornia 183

Tuorlo d'uovo marinato con fonduta di Parmigiano (e cialda di pane croccante) 222

I SECONDI

Arrosto con le cipolle 42

Baccalà al vapore 46

Bollito misto 134

Cassoeula (alla Cracco) 196

Cotoletta (o costoletta) di vitello alla milanese 76

Costolette di agnello 90

Crudo all'italiana 190

Filetto al pepe verde 59

Focaccine al broccolo Fiolaro 164

Mozzarella in carrozza con pasta fillo 151

Parmigiana di melanzane 40

Polpette di Maestro Martino 67
Rombo in crosta di cacao 232
Salmone marinato con salsa allo yogurt 86
Tartare di manzo 168
Tuorlo d'uovo croccante 139
Vitello tonnato con varianti 174

I CONTORNI

Fiori di zucca 92
Insalata 64
Melanzane alla menta 31
Patate soufflé 229
Piselli alla menta 104
Polenta di amaranto 71
Ragù di fave 57
Verdure all'olio 34

I DOLCI

Barbajada 156

Crema soffice al mascarpone con meringhe 108

Crostata al limone 124

Dessert con frolla e cremoso al cioccolato 171

Frutta essiccata al naturale 217

Soufflé al frutto della passione 214

Zabaione con savoiardi 226

Zuppa inglese 96

INDICE DELLE LEZIONI

{Lezione N° 1} *Le varietà di pomodoro e il loro uso* 28

{Lezione N° 2} *La cottura perfetta della pasta* 31

{Lezione N° 3} *Come utilizzare le melanzane* 32

{Lezione N° 4} *Mondare le verdure* 36

{Lezione N° 5} *La passata di pomodoro* 41

{Lezione N° 6} *La reazione di Maillard* 45

{Lezione N° 7} *La cottura al vapore* 48

{Lezione N° 8} *Il brodo di carne* 52

{Lezione N° 9} *Il brodo vegetale* 56

{Lezione N° 10} *I legumi freschi* 58

{Lezione N° 11} *Il sugo d'arrosto* 62

{Lezione N° 12} *La salsa vinaigrette* 66

{Lezione N° 13} *Cucinare con gli avanzi* 70

{Lezione N° 14} *La polenta di Carlo* 72

{Lezione N° 15} *Le spezie* 75

{Lezione N° 16} *La panatura per friggere* 79

{Lezione N° 17} *Come scegliere le zucchine* 81

{Lezione N° 18} *Gelatina e agar agar* 85

{Lezione N° 19} *La marinatura* 89

{Lezione N° 20} *Il burro chiarificato* 91

{Lezione N° 21} *La pastella tradizionale* 94

{Lezione N° 22} *La crema pasticcera* 98

{Lezione N° 23} *La caponata* 100

{Lezione N° 24} *Cuocere i piselli* 105

{Lezione N° 25} *Il carpione tradizionale* 108

{Lezione N° 26} *La meringa all'italiana* 111

{Lezione N° 27} *Gli gnocchi di patate* 114

{Lezione N° 28} *Mondare e cuocere i funghi* 119

{Lezione N° 29} *I garganelli* 123

{Lezione N° 30} *La pasta frolla tradizionale* 126

{Lezione N° 31} *Il ragù alla bolognese* 131

{Lezione N° 32} *La pasta fresca all'uovo* 133

{Lezione N° 33} *Salse per bollito* 137

{Lezione N° 34} *L'uovo al tegamino* 140

{Lezione N° 35} *Il fagiolo giallo di Feltre* 145

{Lezione N° 36} *I corzetti* 148

{Lezione N° 37} *La pasta brisée* 150

{Lezione N° 38} *La Mozzarella di bufala* 154

{Lezione N° 39} *Il semifreddo classico* 158

{Lezione N° 40} *Il grissino piemontese* 160

{Lezione N° 41} *Gli spaghetti alla chitarra* 163

{Lezione N° 42} *I panini all'olio e la lievitazione in casa*....166

{Lezione N° 43} *Tagliare la carne a crudo* 170

{Lezione N° 44} *La pasta frolla al cioccolato* 173

{Lezione N° 45} *La salsa tonnata*...176

{Lezione N° 46} *Cucinare con gli avanzi: il riso*.................181

{Lezione N° 47} *La farcia dei tortellini*................................ 190

{Lezione N° 48} *Preparare il pesce crudo*............................. 192

{Lezione N° 49} *Sugo di pesce* 195

{Lezione N° 50} *L'arista di maiale al latte* 198

{Lezione N° 51} *Il fumetto di pesce*.......................................200

{Lezione N° 52} *L'affumicatura*...204

{Lezione N° 53} *Il nero di seppia* 210

{Lezione N° 54} *Le salse rischiose* 213

{Lezione N° 55} *Soufflé alla vaniglia* 216

{Lezione N° 56} *L'essicazione in forno* 220

{Lezione N° 57} *La* pâte à bombe 225

{Lezione N° 58} *I savoiardi* 228

{Lezione N° 59} *Le patate* 231

{Lezione N° 60} *La cottura al sale* 235

Finito di stampare nel mese di dicembre 2012 presso
Cartoedit S.r.l. Citta di Castello (PG)